Teresa de Jesús

Irene Guerrero

Teresa de Jesús

La dama herida

SAN PABLO

2ª. edición

Distribución: SAN PABLO. División Comercial
Resina, 1. 28021 Madrid
Tel. 917 987 375 - Fax 915 052 050
E-mail: ventas@sanpablo.es
ISBN: 978-84-285-4604-1
Depósito legal: M. 30.286-2014
Impreso en Artes Gráficas Gar.Vi. 28970 Humanes (Madrid)
Printed in Spain. Impreso en España

A mis hermanas de comunidad
y a todos los que se consideran herederos
del carisma de Teresa de Jesús.

«Alegría es sentir el alma,
en cada instante,
nuestra y viva.
Y es, cuando más se siente el alma,
cuando la llevamos herida».

José Hierro

Presentación

†

Jesús

Mucho se ha escrito sobre la madre Teresa de Jesús y harto fue lo que ella también dijo de su persona, que ya con los escritos que tenemos de su propia mano hay materia cumplida para conocimiento de su santidad y de sus obras y dichos, cuánto más si se le añaden a ello los estudios, las indagaciones y los descubrimientos que letrados y gente entendida han hecho de ella, que no es menester más para que sirva de gran ejemplo y para glorificar a Dios con mucho hacimiento de gracias.

A ver entonces a qué viene ahora esta monja a escribir más de la dicha Madre, que ya poco o nada nuevo hay que decir. Y como no tiene letras, la muy cuitada, se puso a rebuscar en una arquilla papeles viejos, retratos de familia que se mandaron pintar y cosas que se guardaban allí del tiempo de Maricastaña. Y no es más que eso lo que contienen estas páginas: recuerdos de un almirez y de un pañizuelo con huellas de alguna tristura; un reloj de arena y algunas lágrimas metidas en un cofre; sufrimientos de mujer y temblores del alma que estremecidos se escondieron entre los pliegues de un ropón; pasioncillas que se guardan en una bolsa junto a unos palmitos y unas ramas de romero y tomillo, ya muy secos; dudas ahogadas en un frasco de agua de azahar; miedos y atrevimientos que se escriben por detrás de una estampa; desvelos apagados en la mecha de un candil; secretos de amores escondidos entre plumas de aves e hilos de bordar...

Son pequeñas cosas que pasan de madres a hijas y que solo ellas entienden por qué se van guardando como si fueran grandes tesoros que no se han de perder.

Pero como la monja sabía que esta arquilla es cosa muy disimulada y que había de tener cuidado no fueran a venir luego preguntando que de dónde se sacaron tales noticias, que a ver dónde se guarda dicha arca, que si no serán cosas inventadas y fantasías de monja, por todo ello se puso a leer escritos de gente entendida y docta que hablaban de la madre Teresa, con el fin de que todos estos recuerdos fueran con algún fundamento y pudieran decir los letrados que esto viene de ahí, aquello de ese otro lado y esto lo dice por lo de más allá...

Lo malo es que la monja no tiene letras y no fue nunca a Salamanca, y este es el desbarajuste, que no sabe componer y concertar bien los hechos, y algunos parecerán disparates; otras cosas, que son de mucho tomo, se quedan por decir y en algunas que son naderías y menudencias tendrá mucho detenimiento.

Pero a ella, como no es letrada, no le importa lo que vaya errado, que ya otros que entiendan se encargarán de enderezarlo, porque su intento no es escribir una vida de la madre Teresa de Jesús con todos sus pormenores y estudiando bien su mística teología, sino sacar los recuerdos del arquilla con algún orden y concierto, y ni esto a veces consigue porque anda mal de la memoria y con otros oficios, y es por eso que ni fechas ni nombres coinciden hartas veces.

A la monja lo que la encandiló fue aquello que dijeron las Descalzas Reales del monasterio que fundó la princesa doña Juana. Pues resulta que pasó por allí unos días la Madre y ya se sabe, que era por entonces persona de mucha fama y conocida por toda Castilla, y con estas personas pasa lo que pasa, que se las mira y se las remira con lentes de aumento a ver cómo son sus maneras y sus andares y sus dichos y obras. Así que estaban las monjas, que son de la Orden de Santa Clara, sin quitarle ojo en los días que la madre Teresa estuvo entre ellas. Luego, cuando las dejó, fueron las comidillas y comentarios. Entonces la abadesa, que era por aquel tiempo la madre Juana, hermana del santo duque de Gandía, mandó callar a todas y dijo con mucha solemnidad: *«Bendito sea Dios, que nos ha dejado ver a una santa a quien todas podemos imitar, que come, duerme y habla como nosotras y anda sin ceremonias»*.

Y fue por esto por lo que a la monja que trasteó en el arquilla y encontró esas cosas, le entraron ganas de ponerlas por escrito para dar a entender que la madre Teresa es una santa a quien todos pueden imitar porque no solo comía, dormía y hablaba como todo hijo de vecino, sino que tenía sus penas y también sus días malos y sabía mucho de cariños, de dineros, de huertos, de posadas, de chaparrones, de enfermedades, de gentes, de condiciones, de combates, de castillos, de negocios, de caminos... y aventuras sin fin. Todo esto, además de las cosas de los adentros, que son muchas y muy variadas y ya muy estudiadas por los que tienen letras y teología.

Y aunque bien sabía ella que era gran atrevimiento escribir estos papeles, por no tener pluma parecida a la de su santa Madre, siendo la suya mala y pobrecita, que todo ha ido saliendo con borrones y tachaduras y a tiempos muy perdidos, no dejó de hacerlo y de llevarlos a la imprenta y fue por maravilla que se los imprimieron y ahora salen a la luz con harta confusión suya.

Algo encontró en el fondo del arquilla que la hizo osada y atrevida y la determinó a no volverse atrás en esta empresa, y ello fue un papel muy doblado que contenía con mucho secreto una punta de flecha, y en el papel había escritas palabras muy confusas por la tinta nonada buena que se usó, y que con mucho esfuerzo se pudo al fin adivinar que decía: *«Punta de flecha con la que fue herida la dama».*

La monja indagó luego y preguntó y se cercioró y buscó a quien entendiera de flechas y de heridas, y vinieron a decirle que esa flecha estaba manchada con veneno mortal, que era el llamado mal de amores, y que la susodicha dama que fuera herida con ella de seguro es que murió de este mal.

Capítulo 1

Que dice de cómo algunos deseos son puertas por las que hemos de entrar para seguir ligeros el camino que la mano del Señor nos va trazando

—Teresa... –se oyó en un susurro.

—Sí, estoy aquí –contestó ella en el mismo tono desde la penumbra del desván.

Su hermano se fue acercando, haciendo mucho ruido con aquellas botas que usaba y aquel pisar tan firme, hasta que se paró y se sentó en el suelo cabe ella, rozándole el brazo con el suyo y quedándose así, los dos pegados el uno al otro. No se dijeron nada, sino que se estuvieron en silencio, con un callar sin pesadumbre. Teresa oía la respiración tranquila de Rodrigo que la confortaba y apoyó la cabeza en su hombro.

Habían tenido los dos muchas pláticas desde pequeños y hartas correrías y travesuras, que siempre andaban juntos. A Teresa, cuando estaba a su lado, se le olvidaba que ella no era varón y se metía en juegos impropios; eso decían los otros, que no eran más que cazar lagartijas o descubrir nidos de pájaros por el huerto, y luego llegaban a reñirla diciéndole que no eran esas composturas.

Como aquel día que quisieron cortar una rama de un árbol, para que les sirviera de techo en una ermitilla que habían hecho y, como no alcanzaban, se subió ella en los hombros de Rodrigo y allí estuvo un rato tratando de troncharla sin poder, y fue tanto lo que peleó que en un momento aflojó las fuerzas y la rama los aventó a los dos, haciéndoles rodar por el suelo. Cuando los vio María, la hermana mayor, llegar llenos de rasguños y con esas pintas la riñó mucho, porque decía que en lugar de estarse a la labor se estaba subiendo a los árboles. Y a Rodrigo también le reñían, pero a ella más, porque pensaban que era la trazadora de todo. Eso lo decían desde que pasó lo de escaparse los dos para ir a tierra de moros.

El caso es que uno y otro aguantaban el chaparrón que les caía encima después de alguna travesura y se hacían espadas, porque les habían dicho que así hacían también los soldados.

Estas cosas no se las querían decir a su señora madre, que seguramente se estaba reponiendo de un parto, pero al final siempre llegaba a enterarse y fue en una de esas cuando aprovechó doña Beatriz para darles un libro de caballerías y que estuvieran entretenidos, pero quietos, y así se aficionaron los dos a aquella lectura.

Claro, que de eso ya pasó mucho tiempo...

—¿Me comprendes, Teresa? ¿Comprendes que tengo que irme? –preguntó entonces él con un nudo en la garganta.

Y cómo no lo iba a comprender, pensó ella, si en el fondo eran los dos iguales y gustaban de las mismas cosas y aventuras. Lo que no comprendía era cómo los años se iban tan presto, que ya no podía ser lo mismo que antes, porque Rodrigo ahora era un mozo ya barbado y dejó de ser el niño con el que jugaba en el huerto. Y ya no tornarían aquellas tardes largas de verano en las que platicaban de tantas cosas en el palomar, que la única preocupación era esa, que dieran con ellos y los llamaran y no los dejaran seguir.

—Sí –respondió ella pensativa.

—Aquí ya no hago nada. Esto es como un tablero, ¿sabes? Cada uno tiene su puesto y tarde o temprano tiene que moverse según es su condición. Todo nos va en una jugada.

—¿Y cuál es la tuya?

—No sé... Tal vez, la del caballo: de aquí al sur y del sur a las Indias –contestó Rodrigo a la vez que hacía el gesto de una ele con su mano y dejaba escapar una sonrisa triste–. Ávila es pequeña; todos nos conocemos y sabemos quiénes somos. ¿Qué pinto yo aquí? ¿Gastar dineros para aparentar, para seguir limpiando una y otra vez la sangre que nunca acabará de estar limpia? –dijo con rabia en la voz mientras cerraba fuerte el puño–. Fuera de aquí, más allá de estas murallas que nos rodean, hay otro mundo. Un mundo inmenso, muy diferente al de acá... Y yo siento...

—¿Qué?

—Siento que ese mundo me llama con muchas voces y me dice que vaya, que hay tesoros incontables por descubrir.

—Si ello es así, sigue adelante... –dijo despacio Teresa después de un breve silencio–. No te rindas en el intento, por más peligros que hubiere en el camino.

Rodrigo la miró de frente y sonrió. Era sabedor de que su hermana decía algo muy distinto de lo que sentía en ese momento, pero así era ella, la de siempre, la que le empujaba cuando él tenía que acometer alguna empresa, la que no veía peligro y no se asustaba de casi nada. Esta, a la que tanto amor tenía.

—Teresa... –la llamó él mirándola a los ojos.

—¿Qué?

—He pensado en dejarte mi legítima.

Ella sonrió amargamente.

—Donosa cosa es mudar presencia a trueque de dineros que no consuelan.

—Es lo que dispongo y quiero que sea para ti. Tal vez lo necesites un día. Quién sabe...

—¿Yo? No tengo yo el puesto del caballo para poder moverme, ¿para qué lo habré de necesitar?

—Del caballo no. Tú eres la dama[1] que se puede mover en todas las direcciones.

—Sí; en todas, menos en la del caballo.

—Cierto. Pero al fin serás tú quien dé jaque mate al rey.

Volvió a sonreír por la comparación que hacía Rodrigo, pero al momento se quedó embobada mirando el trozo de azul que se veía por el ventanuco. Deleitándose de tener a su hermano ahora cabe ella, tan cerca. Quién sabe, pensó, si lo volvería a ver después que se fuera. Y deseó que ese momento fuera eterno, para siempre, siempre, siempre... Una cosa así debía ser el cielo, sin separaciones, sin distancias, sin que se pasaran las cosas tan presto.

—Quiero dejarte otra cosa –dijo entonces Rodrigo.

—¿Qué es ello?

Él buscó dentro de su jubón y sacó algo envuelto en una tela que fue desdoblando poco a poco.

—Son mis plumas.

Una colección de plumas de ave apareció expuesta a los ojos de los dos. Habiéndolas de toda clase: unas grandes, otras medianas, otras muy chicas; y de todos los colores: grises, blancas, negras, pardas, entreveradas...

—Mira –dijo él cogiendo una con reflejos verdes–, esta es de pato. Es la mejor para escribir porque es fuerte y corta. También la de ganso es buena, pero más común.

—¿Y esta? –preguntó Teresa tomando en su mano una muy grande.

—Esa es del águila imperial o caudal.

[1] La dama era para Teresa de Jesús la pieza que actualmente llamamos «reina» en el juego del ajedrez.

—¿Por qué es llamada de esa manera?

—No lo sé. Será porque tiene plumas doradas en la cabeza a manera de corona.

—¡Ah! –exclamó Teresa admirando la pluma, que puso a contraluz.

—Y además porque el águila es ave señorial –le siguió diciendo Rodrigo, que conocía mucho de aves, pues siempre fue muy aficionado a ellas y conocía sus trinos y sus picos y sus plumas–. Que es la que más alto vuela sobre las cumbres.

Y le contó entonces que ponen el nido en una cornisa de montaña y que son harto grandes, que con las alas desplegadas dicen que lo son más que un hombre. Y que para subir hacia arriba van haciendo círculos cada vez más anchos –entonces él iba haciendo con la mano el movimiento de una espiral–, y que cuando alcanzan la altura necesaria luego vuelan con mucha mansedumbre y majestad, como señoreándose en el cielo –en esto la mano de Rodrigo comenzó a planear despacio recortando el horizonte que ofrecía la ventana–.

Teresa lo miraba con ojos atentos, muy interesada en saberlo todo sobre el águila imperial y en seguir escuchando a su hermano, que era un experto en esto de las aves.

—Pueden llegar a vivir hasta setenta años –dijo él.

—¿Tanto? –preguntó espantada.

Y comenzó a contarle la leyenda del águila, que llegada a los cuarenta años de edad está ya vieja, con el pico gastado, ya no puede cazar, las uñas ya no asen ninguna presa y las plumas le pesan demasiado para volar alto. Entonces acaece que el ave real se va a una montaña, a la más alta que pueda, y que allá empieza a quitarse el pico a base de golpes en un risco, y cuando le nace un pico nuevo se arranca las uñas para que le salgan otras, y sigue de igual manera con las plumas para renovar entero todo su ser, determinada a seguir viviendo otros treinta años.

Teresa oyó maravillada lo que le contaba, pues era de espantar la historia del águila y lo muy mucho que había de sufrir para su renovación, que era de imaginar no sería todo ello sin harto dolor de su cuerpo. Y se quedó como en pasmo mirando la pluma, mientras le daba vueltas entre sus dedos.

—¿Piensas los lugares por donde puede haber pasado y qué alturas? –preguntó ella.

—Hartas. Puede volar muy alto porque es una vista prodigiosa la que tiene.

—¿Ah, sí?

—Cierto. Desde mucha altura divisa las piezas que caza –contestó Rodrigo mientras hacía el gesto de levantar su mano–. Y luego, ¡zas!, se lanza en picado hasta ellas –terminó por decir mientras hacía caer la mano hasta el suelo.

Los dos contemplaron todas las plumas que había extendidas en la tela, imaginando por los sitios que había pasado cada una y la de maravillas que cada una podría contar si lengua tuvieran.

—Habrán visto el agua de hartos ríos... –comenzó diciendo Teresa.

—Y la espesura de muchos bosques...

—Y cascadas...

—Y altos riscos...

—Y prados de flores...

—Y montañas...

—Y castillos...

—Y caminos...

—Y huertos regados...

Se quedaron los dos callados un momento, como queriendo ver todo aquello.

—Qué de cosas, ¿no es cierto? –preguntó luego Rodrigo.

—Yo algún día escribiré para decir por dónde he pasado –dijo entonces Teresa mientras observaba en su mano la pluma de pato.

—¿Qué será ello?

— ¡Ah, no sé!... –exclamó con picardía.

Pero después de un breve silencio en el que se quedó pensativa, como buscando una respuesta, como queriendo también saber ella qué sería aquello que escribiría un día, dijo:

—Yo soy la dama herida de punta de espada por el corazón, y vos sois el que me heristeis.

Él reconoció al momento la cita del *Amadís* y se rieron los dos recordando aquellas lecturas.

Surgió en la historia una mujer cuyos deseos no cabian en los libros y cuyos sueños esperaban que se abrieran los caminos a recorrer.

Capítulo 2

Se advierte de lo mucho que importa el considerar para qué vinimos a este mundo y que no estamos aquí para ir al hilo de la gente

Después de aquel día vinieron otros muchos, pasó la primavera y con ella se fueron las flores; los árboles se iban quedando desnudos y el frío volvía recio, como siempre es en Ávila.

Dentro, en la cocina, el fuego chisporroteaba en el fogón y Teresa contemplaba absorta el bailoteo de las llamas, poniendo su pena a calentar para ver si esta se hacía cenizas de una vez. Pero qué va, no había manera de chamuscar ni el más mínimo cabo. Era una tristeza tan grande que la hacía estar taciturna, sin poder desfruncir el ceño por más que lo intentaba.

A su lado, Toribia, la criada, atendía con su mano regordeta las castañas que se estaban acabando de asar. Era de todos los criados la que más tiempo llevaba en la casa; había entrado a servir con don Juan, el abuelo, y al casarse don Alonso se vino con él. Había visto nacer a todos ellos y eso le daba cierta mano en la cocina y también fuera de ella.

Esa mañana había hecho lo posible por espantar, como se espantan a las gallinas, a la Leonor y a la María, las otras criadas que eran unas sabidillas y unas alcahuetas, y las había mandado a lavar la ropa, por eso se habían ido rostrituertas y de mala gana, cacareando las dos.

—¡Hale, a calentarse las manos! –dijo Toribia mientras volcaba unas cuantas castañas en un pañizuelo de yerba que tenía Teresa desmentido en su regazo–. Y a ver si no anda tan mojicaída, que con este frío, si sigue así de llorosa, se le van a congelar los mocos como dos *chupiteles*.

Teresa recibió las castañas dejándose regalar y cubrió con ellas sus manos coloradas mientras las iba manoseando, sintiendo el calorcito y haciéndose placer.

—Es que es una pena tan grande... –dijo al fin con aire triste, sorbiéndose la moquilla.

—Sí, hija, sí. Pero, ¿qué le vamos a hacer? Hay que seguir viviendo, que todavía no se ha acabado el mundo, y quién sabe lo que tendremos por delante.

—Me quedo tan sola...

—¡Por la Virgen santísima! ¡Sola! Si está la casa llena de muchachos y de tareas por hacer, y dice que se queda sola.

—Ya, pero Rodrigo...

—Su hermano don Rodrigo ya es todo un hombre y hay que comprenderlo. Las cosas como son. Los hombres se van. Tienen que buscarse la vida, hija. Se cogen el caballo y, ¡hale, a la guerra! –dijo mientras volcaba unas cuantas castañas en otro pañizuelo que tenía metido en una cesta, y mientras caían se figuraba Teresa que eran mozos que se iban a la guerra–. Y los que no se van a la guerra... ¡hale, a las Indias! –en este momento volcó el resto de las castañas, pareciéndole ahora mozos que embarcaban por esos mares de Dios–. Han nacido para eso –terminó diciendo mientras las envolvía bien y las dejaba muy tapadas para que no se les fuera el calor–. Que no vino el emperador el año pasado a darse un paseo por Ávila, sino a pedir más mozos para la guerra. Eso lo sabe hasta el *Chilo*.

Teresa, como si no la oyera, con la mirada fija en las llamas, volvió a revivir otra vez en su mente la escena del día anterior cuando habían despedido a Rodrigo.

—Ten fuerte, Teresa –le dijo él mientras la apretaba contra su pecho y le hablaba de que tenía que cuidar de todos, que todos, empezando por su señor padre y terminando por la pequeña Juana, la necesitaban muy mucho.

Ella se había tragado las lágrimas y había dicho que sí, pero un sí de esos que apenas se oyen porque están ahogados en la garganta y no salen afuera. Un sí demasiado débil y tembloroso como para que lo oyera nadie y ni ella misma le diera crédito. Entonces no se supo quién aflojó los brazos primero o si fueron los dos a la vez o seguramente fuera ella para entrar corriendo en la casa sin volver la vista atrás.

Y también recordó aquel día cuando plantaron los dos el avellano en el corralillo de la cocina.

—Cuídalo. Cuando vuelva estará crecido.

—¿Cómo de crecido? –preguntó Teresa.

—Así –respondió él manteniendo la mano en alto–. Y te contaré muchas cosas mientras comemos avellanas.

Ella sonrió y no dijo nada. Sabía que muchos no volvían, que a veces se quedaban en el camino, en ese mar tempestuoso que a tantos se tragaba, que había olas de mucha altura que hundían las naos. Y si por ventura lograban pasarlo luego eran allá otros los peligros de muchas batallas y muchas muertes. ¿Y si a Rodrigo le pasaba algo?

—Volveré pronto –le había dicho su hermano como adivinando su pensamiento–. Te lo prometo.

Y después la siguió animando, diciéndole que tenía que ser grande la alegría de conquistar aquellas tierras para la cristiandad y que aquellas gentes conocieran a Cristo y a su santísima Madre, que eran muchos los que se perdían sin remedio. Y que para eso iba, que no había misión más honrosa que esta.

Pero ella se había quedado callada con un extraño escalofrío en el cuerpo, igual que el que ahora sentía y le hacía presentir que ya no se verían nunca más en este mundo; que ya no iba a haber más abrazos ni más pláticas. Pero, quién sabe, tal vez eran cosas suyas, desatinos que vienen a la mente y no se sacuden por más que se quiera. Porque es así nuestra cabeza, un laberinto con muchos miedos acechando del que no se sabe bien cómo salir. Quién sabe...

—Y yo, ¿qué? –dejó escapar, como hablando para sí sola, mientras se oía el crepitar del fuego y alguna que otra chispa saltar de vez en cuando.

—Ella a cuidar a sus hermanos –dijo entonces Toribia, que se había puesto a trajinar con las cazuelas y peroles, pero sin perder de vista a la niña, que aunque ya era doña, para ella seguía siendo la niña que había visto nacer–, que buena falta hace una mujer en esta casa con tanto hombre. Y a ser el consuelo de su señor padre, que el pobre ya tiene bastantes trabajos y ahora la necesita más que nunca.

—¿Y luego?

—¿Luego? Pues a ser señora, como su señora madre doña Beatriz, que en paz descanse y en gloria esté –y en este momento se santiguó tristemente–, que era toda una mujer de su casa y de su señor marido y de sus hijos, que daba gusto verla siempre tan hermosa y tan honesta y con tanta virtud. ¡Ay, me acuerdo cuando llegó a esta casa, tan moza! ¡Válgame Dios, qué tiempos aquellos! Y lo bonita que venía con aquel vestido de brocado. Y su señora abuela, doña Teresa, ¡qué porte tenía! –y se ponía Toribia toda derecha, con la cabeza alta, como queriendo remedar dicho porte.

—Yo no quiero ser señora –dijo Teresa, empezando a pelar despacito una castaña.

—Mire, hija –le dijo la criada aparentando un tono solemne, que era así como hacía cuando daba un consejo–.

Aquí no vale querer o no querer. Cada uno nace en este mundo y lo ponen en una cuna y la de vuestra merced era bien alta y muy llena de puntillas.

—Ya, pero eso de ser señora...

—Y dale y torna... –contestó Toribia machacando los ajos en el mortero–. Pues claro que será señora, y de las mejores, dedicándose a leer, a hilar y a hacer un buen matrimonio, y a tener hijos que den gloria a Dios.

Teresa no contestó. Miraba los ladrillos rojos del suelo formando espigas y se preguntaba que por qué tenía que ir ella al hilo de la gente. Miraba el suelo como boba, pero lo que veía era otra cosa. Se figuraba ella un camino muy largo, como un sequedal, y al fondo la silueta de una mujer que llevaba un cántaro y buscaba un pozo para apagar su sed. Una mujer a la que no se le veía el rostro porque estaba muy lejos aún; solo se veía que estaba sedienta y que buscaba por el desierto un poco de agua...

El Chilo, que estaba enroscado junto al fuego y muy descuidado de hacer otra cosa que no fuera dormitar, abrió en ese momento los ojos y empinó las orejas. La miró como miran los gatos, fijamente, como queriendo adivinar algo y traspasando su mirada vidriosa, pero en vista de que no sucedía nada nuevo volvió a cerrarlos.

Toribia la miraba también, como quien no quiere la cosa, de reojo, sin dejar de machacar los ajos, y la veía de perfil al contraste de la luz del fuego y de las sombras, con esos tres lunarcillos tan graciosos que tenía. La notaba triste y ella barruntaba algo más que lo de don Rodrigo. A saber qué le pasaba por la cabeza, que antes todo era holgarse y cuidados de uñas y cabellos, y que si abrir los ropones por delante para poner al descubierto las sayas con labores y no sé qué cosas más... Y ahora todo se le iba en rezos, en iglesias y en preguntar que ella qué... Pero, ¿qué de qué, Señor? ¿Qué de qué?

Capítulo 3

Habla de cuán presto pasa todo y cómo se aviva la esperanza mientras los caminos se abren

Por aquel tiempo los días se le hacían a Teresa demasiado largos y todo se le iba en recuerdos. No tenía gusto en hablar, por eso cuando quería estar sola, sabía que el único sitio al que nadie iría a molestarla era el desván. Aquel rincón de la casa había sido muchas veces testigo de sus lecturas furtivas y parecía como si en cualquier momento pudiera salir de detrás de unos serones de esparto que allí se hallaban la voz ronca de un doncel que dijera de pronto:

—*Vos, caballero, que estáis holgando, conviene que os levantéis y que veamos cómo sabéis mantener amor de que en vos tan loáis.*

Y al momento, alguien, descubriéndose tras las tinajas, respondiera espada en mano:

—*¿Quién eres tú, que tal me preguntas? Agora verás cómo mantenerme amor si conmigo te osares combatir.*

Se había deleitado tanto en aquel mundo de fantasías que no era extraño seguir oyendo las voces de esos personajes agazapados en un rincón de la memoria. Un mundo al que escapó muchos días y muchas noches, encontrando allí altos ideales que le hacían preguntarse al igual que Amadís:

—¿Dónde es el arco encantado de los leales amadores, donde ningún hombre ni mujer entrar puede si erró aquella o aquel que primero *començó* amar?

¿O es que por ventura todo se resolvía en dejar ir pasando el tiempo sin abrir rendija alguna a ningún sueño, a ninguna aventura más allá de lo que a simple vista se ve? Que qué malo era soñar, se preguntaba ella muchas veces, cuando, a escondidas de su señor padre, abría aquellos libros de caballerías que la transportaban a otros reinos muy lejanos. Y es que don Alonso era un hombre recio y muy avisado para cosas de virtud, y decía que esas lecturas no eran más que boberías y ensoñaciones nonada buenas.

—Que hacen más mal que beneficio. Buenos libros son los que hay que leer –decía el padre muy seguro de sí.

Pero doña Beatriz, que escuchaba a su señor marido con los ojos bajos, no decía nada. Ella era de otra manera. Necesitaba volar con su imaginación lejos de Ávila, lejos de trabajos y pleitos, y dejó que Teresa se aficionase también como ella a las únicas aventuras que en aquel caserón se podían correr, y así soñar con un arco encantado de los leales amadores... Y es que este arco era la prueba para los enamorados, porque en pasando por debajo del mismo, si su amor había sido fiel, eran conducidos a un palacio de mucha hermosura y lleno de deleites, pero si habían hecho traición sonaban las trompas con gran estruendo y eran expulsados muy lejos de aquel paraíso...

Arrebujada en una vieja capa que allí se guardaba y que decían que era del abuelo Juan, se sentó en el suelo sobre un cojín y apoyó su espalda en el arca que estaba frente a la tronera. Por fin a solas.

La tarde estaba apagada, fría, del color de la ceniza, lo mismo que su alma en aquellos momentos, que parecía que todos los colores brillantes hubieran emigrado a otras tierras lejanas al igual que las aves que ha mucho se despidieron hasta la nueva primavera. Y así se iba la vida y se iban los otros, pensó, tan presto que parece que fue ayer. Se fue su madre ya para siempre, tan hermosa, con aquella tristeza que se le adivinaba en el fondo de sus ojos, mientras dejaba escapar un pequeño suspiro y decía de vez en cuando: ¡ay, válganos nuestra Señora! Que era eso lo que acostumbraba a decir en los últimos años mientras hilaba, como escapándosele de muy dentro, sin darse cuenta, y Teresa la miraba y le parecía que su madre era de cristal muy fino, que se pudiera quebrar de un momento a otro, y que por eso era menester suspirar de esa manera y pedir la protección del cielo.

Y también se fue Hernando a las Indias, bien provisto de recaudos y dineros, pues su padre no escatimó nada. Todavía parecía verlo contar monedas de oro y meterlas en un saco que pesaba harto, y prepararle buenos jubones y camisas de hilo. Y todo luego eran consejos y ánimos para el viaje que iba a emprender, que estaban todos sobrecogidos en la casa.

Y se fue también María con su señor esposo, pero esta, aunque derramó hartas lágrimas al despedirse, tenía en el fondo también contento, pues era su condición conforme al estado de casada: curiosa para todo y muy diligente y grave en su compostura, que parecía estar siempre en un ser. Hábil en demasía para todas las labores de la casa, que de ella aprendió Teresa muchas cosas en el gobierno de los sirvientes y también a hacer labores con primor. Y cierto que sería muy señora de su casa y mejor madre para sus hijos, como lo había sido para sus hermanos.

Y ahora se iba Rodrigo... Y los otros acabarían siguiéndole.

Agustín, el más pequeño, ya le preguntó el otro día que cómo era un barco... Que muy grande, le había dicho ella. Entonces la criatura se había quedado con un «¡aaaah!» en la boca mientras miraba el artesonado.

—Teresa... –había vuelto a llamar otra vez el niño.

—¿Qué?

—¿Y el mar? ¿Cómo es el mar?

—Pues el mar... Es como un río, pero inmenso, de aguas muy caudalosas.

—¡Aaah! –volvió a exclamar, quedándose tranquilo por el momento, como si las explicaciones de su hermana fueran ya suficiente para ver en su imaginación el barco que le llevaría a las Indias cuando fuera mayor.

Teresa lo había contemplado soñando despierto, con la mirada ilusionada, imaginando el mar que le llevaría a otro mundo lejano. A ella también le gustaría verlo.

Pero no. No era el mar lo que iba buscando la mujer del desierto, era un pozo en el que saciar su sed. Un pozo que a saber dónde estaba, pues no se veía nada en todo aquel inmenso desierto y la mujer era como una mancha lejana, muy determinada, eso sí, a buscarlo y a andar lo que hiciera falta.

Y es que había en los aposentos de don Alonso un cuadro de la samaritana hablando junto al pozo con nuestro Señor, y Teresa siempre que pasaba cabe él se quedaba pensando qué haría si se viera en el mismo lugar. Pero luego miraba la mancha que había en el fondo del cuadro y se imaginaba que era otra mujer que venía a buscar agua y a lo mejor esa sí que podía ser ella...

Empezaron a caer los primeros copos pausadamente. Nieve ratonera, de la que cuaja, le había oído decir a su padre. Así era. Y se quedó ensimismada, con los ojos fijos en el ventanuco, mientras veía desfilar a través de los copos aquellos rostros queridos que se iban sin remedio y ella seguía allí, despidiéndolos. Y se le cayó una lágrima por no resignarse a lo que estaba pasando. Ella no iba a quedarse viendo pasar a los otros. Ella también se iría a buscar su camino. ¿Cómo se iba a quedar allí mientras todos se iban? No, eso no podía ser. Tendría que hacerse fuerza para dejar a su padre, que le tenía mucho amor y bien sabedora era ella de ser la predilecta; y a los hermanos pequeños... Pero no podía quedarse. Se iría algún día por esos caminos. También ella tenía deseos y sueños que quería ver cumplidos, aunque no sabía bien cómo iba a ser eso ni cuándo. Lo que sí tenía claro es que no se veía con un señor marido al lado, metida en una casona y llena de hijos... ¿Para qué? ¿Para que se le fueran a la guerra o a las Indias mientras ella los iba despidiendo uno a uno, y al cabo terminar diciendo: válganos nuestra Señora?

Ay, pero antes había de esperar y hacer muchos conciertos y tener coyuntura, que no era la cosa tan fácil, que parecía que no habían hecho los caminos para mujeres, como si no tuvieran ellas pies para andar ni piernas para montar a caballo y recorrerlos.

La nieve seguía cayendo suavemente y pronto estaría toda Ávila cubierta con un manto blanco, como una novia el día de bodas.

Capítulo 4

Avisa de cómo los cuentos y leyendas entran a formar parte de nuestras personas o nosotros entramos en ellos, y que por eso importa mucho cuidarlos, pues que nunca nos han de faltar

Por las noches, después de que acababan todos y se recogía el servicio. Después de rezar todos juntos el santo rosario y de platicar otro rato. Después de enrollar las esteras y cerrar las puertas y contraventanas. Después de que cada uno cogiera un ladrillo caliente para llevarlo a la cama, que era ese un alivio muy grande según estaban las sábanas de frías. Después de que se apagaban todas las candelas de la casa, quedando solo las necesarias, Teresa se iba con Juana a la pieza donde dormían juntas.

A la niña le gustaba harto aquella hora en que se quedaba a solas con su hermana y esta le deshacía las trenzas y le cepillaba el pelo y luego, después de quitarle la ropa, le ponía el camisón. Entonces Juana se metía corriendo entre las mantas y se dejaba tapar bien, con el embozo hasta las orejas, que hacía mucho frío. Y luego esperaba a que su hermana también se acostara.

—Teresa... ¡Un cuento! –decía la niña cuando ya se había apagado la vela.

—Anda y duérmete, que ya es muy tarde.

—Es que no tengo sueño. Si me cuentas un cuento a lo mejor me duermo.

Teresa sonreía en la oscuridad y empezaba a hacer memoria.

—Esto era un rey...

—¡Desde el principio! –reclamaba entonces Juana.

—¿Cómo?... ¡Ah, ya!...

Entonces, a una sola voz, comenzaban las dos a decir:

—Érase que se era, el mal que se vaya, el bien que se venga; el mal para los moros, el bien para nosotros...

Porque era esto lo que se decía siempre antes de empezar un cuento, y por eso Juana, si no oía antes la retahíla del principio, no se contentaba, porque entonces no era un cuento de verdad, y de esta manera se lo hacía repetir siempre a Teresa para luego poder decirlo juntas, que era así como le gustaba a ella.

—¿Quiénes son los moros?

—Los moros... Los que no creen en nuestro Señor Jesucristo.

—¡Ah!

—Esto era un rey... –comenzaba nuevamente Teresa.

—¿Y se van al infierno? –preguntaba la niña.

—¿Quiénes?

—Los moros.

—Pero, ¿quieres que te cuente el cuento o no?

—Sí, cuéntamelo.

—Esto era un rey que se llamaba Alfonso VI y antes de conquistar la villa de Olmedo...

Empezó a contarle las leyendas de la Virgen de la Soterraña, patrona que era de Olmedo, donde nació doña Beatriz. Se imaginaba Teresa que su madre se alegraría de que Juana también las conociera. Y así iba de una a otra, y del rey Alfonso, que se encontró la imagen de nuestra Señora en un pozo soterrada; de ahí le viene el nombre, decía Teresa. Luego pasó a la leyenda del pastor.

—¿Y cómo se llamaba? –preguntaba entonces la hermanilla.

—Gil –inventaba Teresa sin dudar dos veces, que para esto tenía mucha habilidad.

Entonces seguía con Gil, que se encontró en medio de una tormenta muy recia y por maravilla, cuando más acongojado estaba, vio a una señora harto hermosa a la entrada de una cueva y allá le invitó a pasar con premura, y así fue como Gil, el pastor, fue salvo y supo después que aquella hermosísima doncella no era otra sino la Virgen de la Soterraña.

Cuando Juana se rebullía un poco entre las sábanas entonces sabía Teresa que aún le quedaban por contar otras leyendas hasta que se acabara de dormir. Y dejando a Gil seguía con la del pino, que fue esta otra noche de tormenta y mucha lluvia y un viento de espanto que daba terror y que esta vez fueron trece hombres los que invocaron a nuestra Señora, que estaban todos trece atemorizados debajo de un gran pino, y resultó que de todos los árboles que había, que eran muchos, solo aquel pino quedó sano y no se abrasó, y así pudieron salvarse.

Y del pino pasaba a la leyenda del canal, que esta sí que es bonita, le decía, y se la iba contando con mucha demora porque así tenía experiencia que se cogía mejor el sueño. Entonces contaba lo del caballero enamorado de una dama de Medina del Campo que se encaprichó ella con que el Adaja pasara por su palacio para poderlo ver por las mañanas cuando se levantara, y por eso se hizo el canal...

Y del canal pasó a la leyenda del escudo, que resultaba que un caballero de la casa de Velázquez tenía una hija...

Pero ya, cuando se cercioraba Teresa de que la niña se había dormido, se alegraba de no tener que seguir contando lo de la hija de don Pedro, que era el tal caballero, porque Juana era muy pequeña todavía para saber que Lucrecia, que así era llamada la hija, se enamoró de un malandrín que se dedicaba a cortejar a unas y a otras, y ella, la muy cuitada, llegó a enfermar de amores; tanto, que su señor padre, harto disgustado, pidió a nuestra Señora que su hija se desenamorase del mancebo para poderla recuperar con salud, que así entendía él iba por mal camino.

Y pensaba Teresa que a ella misma le había pasado cosa parecida a la de la desventurada Lucrecia, enamorándose de otro malandrín, habiendo consentido entrar en un mundo de halagos y vanidades, porque el afán de que él la mirase y la encontrase galana y hermosa le había llevado a no hacer cosa que no fuera cuidar de su persona con harto regalo de sí. Que no era lo mismo que él la encontrara hermosa y así se lo dijera, que cuando se lo decían otras gentes, pues se sentía algo bien distinto, dónde va a parar. Y verdaderamente que llegó también a enfermar de amores porque había llegado al punto de no ver nada más ni atender a ningún consejo, que el más del tiempo se le iba en esperar la hora de juntarse con él y en llevar recaudos, y todo con cuidado de encubrir para que no se supiese. Pero, claro, esas cosas de amoríos tarde o temprano se llegan a saber, y su señor padre, que siempre fue avisado para cosas de virtud, cortó por lo sano y fue cuando determinó que se fuera de educanda al convento de Santa María de Gracia, y se ve que allí nuestra Señora, a la cual se encomendó ella muy mucho cuando muerta su madre, hizo lo demás, que tornaron presto las buenas disposiciones, muy distintas a las de antes, y otras amistades y otras lecturas que le alimentaban el alma.

Y se pasó así lo del malandrín, como todo pasa, que parecía que iba a ser ello siempre de la misma manera, como si fuera a estar en un ser. Pero no, aquello pasó lo mismo que un fuego que se apaga con las primeras gotas de lluvia. Y eso que al principio pensaba que ya no podía vivir sin verle, pero mira cómo se mudó todo y ya no había memoria de esa persona más que de una avecita que se ve por la mañana y da consuelo y recreación, pero presto se olvida a la tarde. Que ya sabía ella que las cosas de amores no eran como las pintaban en los libros, que luego no era así. Y por eso se le hacía recio el casarse.

Y por eso tampoco quería que Juana oyera cosas antes de tiempo y tomara la costumbre de ella. Claro, que la niña era bien distinta, con mucha blandura, pero aún muy tierna.

El caso es que Teresa sabía lo que le pasaba a sí misma, y era que todo lo que leía u oía lo quería llevar a cabo y no tomaba huelgo hasta acabar con ello. Esa era la verdad. Como acaeció al leer la vida de los santos mártires, que quería ser una de ellos y que la descabezasen. Y como después pasó con los libros de caballerías, que se figuraba ser Oriana, la hija del rey Lisuarte, y su malandrín enamorado no otro que el mismo Amadís. Y como le pasaba también con el cuadro de la Samaritana, que por eso andaba también buscando su pozo; un pozo que le calmara la sed, porque hay muchas clases de agua y muchas maneras de sed, consideraba ella.

Se dio otra vuelta en la cama, que ya iban dos, por si por ventura cogiera mejor el sueño del otro lado. Y entonces se le vino a la cabeza lo de Rodrigo y todo lo que habían platicado los dos antes de él irse. Y es que Rodrigo era hermano, pero también era muy su amigo. Se preguntó si de esa forma se podría hablar con un señor marido, que le parecía a ella que no, que eran otras las conversaciones y otro el trato, con más sequedad y sin mucha cabida a boberías: que si la hacienda, que si los hijos, que si los pleitos...

Y es que ella era siempre muy inclinada al trato de amistad, que le gustaba harto eso de platicar de todo y luego cobraba mucho amor a quien estaba con ella y gustaba de dar contento. Aunque había quienes consideraban aquellas muestras como extremos suyos. Pero qué le iba a hacer si era de esa condición.

Se estuvo así un rato, pensando en el águila real que volaba tan alto. Y en Agustín, que andaba malo y al final no quiso comer porque decía que no tenía contento el estómago. Y en su padre, que parecía tener hoy mal semblante.

Porque es así el corazón de una mujer...

Se dio otra vuelta. No acababa de coger el sueño. Pero luego cayó en la cuenta. Y sí, sería eso, que entraba el cuarto de luna, que estaba menguante.

CAPÍTULO 5

QUE DICE QUE NUESTROS OJOS VAN DESCUBRIENDO EN TODO LO QUE MIRAN LA ENCRUCIJADA DE DOS CAMINOS: EL DE LA VERDAD Y EL DE LA MENTIRA, Y QUE UNO DE ELLOS HAY QUE ESCOGER

La vida siguió en la casa de los Cepeda igual que siempre. Pronto se acostumbraron a la ausencia de Rodrigo, lo mismo que cuando se fue Hernando. Así son las cosas. Teresa se levantaba cada mañana cuando aún no se veían más que sombras y se iba a misa, y luego volvía y empezaba el bullicio de los pequeños, el atender la casa, el gobierno de la servidumbre... En los ratos libres cogía un libro o bien se iba al huerto, allí, cerca de la noria, porque le placía mucho oír el batir de las aguas, y se quedaba pensando qué sería de su persona en poco tiempo, porque ya era cada vez más enemiga de tomar estado de casada, que se le hacía recio, y más partidaria de ser monja, que era el mal menor. Y ahí eran sus dudas y sus batallas que la fueron desmejorando a vistas de todos.

Llegó el calor y se oían al atardecer los cantos de los segadores volviendo de la vega con las carretas cargadas y sus rostros tostados por el sol. Envidió Teresa esos cantos y esas risas una tarde que volvía ella de visitar a su amiga Juana, la monja.

«Quién fuera paloma
que posara en vuestra ventana...».

Y se quedó con ese estribillo que alcanzó a entender mientras se alejaban las carretas y con él entró canturreando en la casa. Don Alonso, que andaba por entonces preocupado por ella, porque no parecía la misma, se alegró sobremanera de oírla con ese contento, que le animó no poco.

—¿Qué es ello, hija? ¿De dónde vienes tan alegre? –preguntó su padre.

—De ver a Juana Suárez.

La respuesta entristeció a don Alonso, que la miró apenado y serio a la vez para luego bajar los ojos por no encontrarse con los de ella y seguir los dos su camino.

Pero también el verano fue pasando. Ya estaban los trojes bien repletos de harina, centeno y cebada cuando dieron comienzo las fiestas de nuestra Señora de septiembre. En la ciudad se adornaron las calles principales. En las casas se sacaban los aderezos para la ocasión y en los corrales de los Cepeda se mataron los mejores gallos traídos de Gotarrendura. Toribia, como siempre por las mismas fechas, se puso a hacer pestiños con miel, que todo era poco.

Fue este año que don Alonso empuntó a todos para las fiestas. Por la mañana temprano, sus manos, ya rugosas, abrieron el arca en la que se guardaba el jubón de fustán nuevo y un sayo de paño de Valencia con ribetes de terciopelo y mangas frisadas, que con mimo los fue acariciando. Luego buscó en el mismo sitio un ceñidero azul que en los cabos llevaban harto oro, y colgó allí las cuentas. Frotó las hebillas de plata de sus zapatos y, por último, cuando ya estaba arreglado, cubrió su cabeza con el bonetico carmesí, antes de ponerse la capa nueva. De esta guisa apareció delante de todos aquella mañana.

—¡Andando! –le dijo a Teresa, a la que había ordenado que preparase a los pequeños y que ella misma se pusiera bien galana porque se iban al mercado.

Era como si tuviera prisa, como si le fuera a faltar tiempo para llegar. Iba don Alonso como en sus años mejores, todo tieso y bien compuesto como un príncipe al lado de su hermosa hija, que por dar contento, hasta había sacado los chapines nuevos y todas sus mejores galas. Delante Juana y Agustín, los dos de la mano. Los hijos mayores ya participaban en las justas y cacerías, que eran esos los divertimentos principales para los mozos.

Cuando se encontraban con gente conocida saludaban unos y otros cortésmente con mucha ceremonia, cosa que a Teresa la incomodaba harto porque, según ella, había que decir cosas de mucha falsedad, no solo en palabras sino también en gestos. Y en estas estaban cuando no faltaban pobres malolientes y harapientos, que se acercaban con sus manos extendidas pidiendo un cornadillo, que esa era toda la ceremonia de ellos.

Siguieron abriéndose camino entre puestos de plateros, herradores, lenceros... En uno que vendían sedas y cordones se paró don Alonso y se quitó el guante para atentar el cabo de un fajo de seda azul.

—Es buena –dijo como quien tiene experiencia de telas.

—¡Pues claro que es buena y de la mejor que puede encontrar vuestra merced! ¡Ande y llévese para el ajuar de la doncella! –animó el vendedor.

Don Alonso se quedó confundido mirando la seda. Aquel azul le traía recuerdos de otros tiempos en Toledo...

—Diga que no, padre –se adelantó Teresa–, que no es menester más velos, que nos sobran en casa.

—Vamos, caballero, para el ajuar de la doncella, que es tan hermosa –insistía el comerciante.

Ella sintió cómo se arrebataban sus mejillas e hizo ademán de seguir adelante.

—No, gracias –dijo al fin don Alonso.

Esta hija, pensó él, no se deja retener con sedas, y esa era la pesadumbre que había en su alma. Ya, ya le fueron los frailes de Santo Tomás con el cuento de que dejara a Teresa ser monja. Pero aquello era una sinrazón, un desatino. Era como dar consentimiento a que se fuera el alegría de su casa, que a ver quién, por cristiano que fuese, osaba dejar la bendición que Dios le regalaba.

—Calle, fray Tomás, que no hay más que hablar de ello –le había dicho don Alonso aquel día que le habló el fraile con tanta cautela.

—Atienda vuestra merced a las obligaciones de padre cristiano, que habiendo llamamiento no hay más que hacer que lo que hizo Abraham, sacrificar al hijo de sus entrañas.

—Bien ordenó nuestro Señor que fueran los padres los que dispusieran y los hijos los que hubieran de obedecer, que también eso es cumplir la ley de Dios. Y os digo que mucho puede servir a Dios esta hija mía en casa, que es harto necesaria. Y no seré yo quien le quite sus devociones, que eso me place y la habré de favorecer, pero no me habléis de conventos, por Dios os lo pido, mientras tenga servido el Señor tenerme en esta vida.

Entonces el fraile, que estaba bien entrado en carnes, se sofocó mucho y no hizo más que resoplar y limpiarse el sudor con un pañizuelo, y en vistas de que no se podía acabar con el propósito que allí le había llevado, con mucho gesto de contrariedad se había dado la vuelta y se iba resoplando calle abajo. Lo que no supo don Alonso fue lo que dijo el fraile a Teresa cuando esta se fue a confesar.

—No hay manera, hija. Será menester hacerlo sin la licencia paterna.

—Pero se me hace recio irme sin su bendición... –dijo ella temerosa.

—Teniendo la de Dios se tienen todas –respondió tajante fray Tomás.

Eso es lo que pasó.

Ahora Teresa miraba todo a su alrededor con gran detenimiento: el mercado, las gentes yendo y viniendo, gritando y comprando, las alfombras mezcladas con las collaradas, los señores llevándose la mano a la faltriquera y sacando buenos dineros contantes y sonantes, y al lado de las manos enguatadas de los señores las mugrientas de los tenderos contando con avidez las monedas. Cintas, pañuelos de seda, espadas, platos de cobre, hierbas aromáticas, frutas, verduras, mientras llegaba el sonido de flautas y tamboriles.

A la hija mayor le compró don Alonso un alfiler de plata y un pomo de olor riquísimo, de esos que las damas llevan en las mangas, que olía a jazmín y almizcle.

Cuando Agustín vio a los cómicos tiró de su padre para ir al estrado que habían puesto en una esquina. La gente aplaudía y reía las gracias del que, disfrazado de rey, molía a palos a uno vestido de ganapán.

—¿Por qué le pega? –preguntó Juana asustada.

—Es de mentira. Todo es mentira –le dijo Teresa apretando cariñosamente la mano de su hermana–. ¿No ves cómo se ríen?

Por eso sería por lo que aquella noche soñó Teresa que fue a abrir el arca grande de la pieza de arriba y se encontró con que había un fajo de seda azul. Ella quiso sacarlo, pero cuando lo tocaba se rompía en pedazos y estos acababan convirtiéndose en arenilla que caía fuera y dentro del arca.

—¡Es mentira! ¡Todo es mentira! –gritó una voz detrás. Y al punto supo que era un rey con un garrote que venía hacia ella.

En ese momento se despertó sudando. Aún era de noche. Juana dormía tranquila a su lado, soñando Dios sabe con qué.

Tornóse arena la seda azul
que había en el arca porque
solo permanece aquello nacido
en el camino de la verdad.

Capítulo 6

Trata de la determinación que ha de tener toda persona para vivir según los trazos que Dios ha soñado para ella y cómo no ha de volverse para atrás por más pena que le diere

—Que el sol de septiembre es muy traicionero y le gusta mucho salir al huerto, eso es lo que pasa.

—¡Qué sol ni que luna!, que es de salud quebradiza como su señora madre y velay.

No sabían qué era lo que le pasaba, el caso es que Teresa un día se desmayó de buenas a primeras y entre Pedro y Lorenzo la llevaron a la cama. Mandó llamar don Alonso al galeno y este le estuvo atentando la frente y luego el pulso y dijo que tenía algo de calentura, que la sangraran y que guardara cama unos días, que comiera bien, que podía ser debilidad.

Entonces la enferma empezó a tomar buenos caldos y carne de palomino con una salsa de cebolla que olía que daba gloria, y a quedarse más tranquila en sus aposentos. Debilidad o pena o pesadumbre o desasosiego... Todo podía ser, que era sabedora ella de que el cuerpo sufre todo lo que acaece en el alma y la suya estaba hecha un revoltijo de indecisiones, temores y encrucijadas que le daban calentura, ¿qué le iban a dar si no?

—Hija, ¿qué es ello? –preguntaba don Alonso preocupado, que en esto de las enfermedades se acongojaba él mucho.

—Nada. Ya estoy muy mejor –contestaba Teresa quitando importancia.

—Bueno, bueno, pero aquí quieta, hija. No cojas frío y a comer bien –terminaba diciendo el padre.

Y es que tenía miedo de que le diera el aire y le pasara algo, que a esta hija había que cuidarla como oro en paño. Entonces ella aprovechaba la quietud y el sosiego y hacía que le trajeran otro libro, porque sin lección no podía pasar.

—He encontrado esto –le dijo Antonio un día tendiéndole uno que era de Cartas de san Jerónimo.

Teresa mostró mucho contento simulando que le era nuevo, aunque de nuevo nada de nada, que este libro fue el que hace unos meses la determinó a hablar a su señor padre del monjío, y harto le costó hacerlo, porque una vez dicho, a ver quién se volvía atrás. Pero san Jerónimo fue como otro Amadís a lo divino, que le parecía estar viéndolo enfurecido y bravo mientras se dirigía a ella misma.

> *«Dime, caballero delicado, qué haces en casa de tu padre. ¿Dónde está el real asentado contra los enemigos, dónde la cava chapada que lo cerca?».*

Y oyéndole así era como si le nacieran nuevos bríos a Teresa, porque si bien era mujer para coger la espada, ¿quién le impedía luchar y engrosar las filas de su Divina Majestad? Que eran muchos los demonios y enemigos de la Iglesia y de su propia ánima que podían arrastrarla hasta el mismísimo infierno. Y parece como si no hubiera sombra de enfermedad de la que hacer memoria porque eran luego unos hervores que le entraban en leyendo esto que ya se veía ella *hollando por encima de todos*, como decía este santo aguerrido, y llevar con valentía y firmeza el pendón de la Cruz y dar la vida si fuere menester por tan gran Capitán.

«¿Parecerte ha honesta cosa, que vea yo a mi enemigo la espada sacada y el brazo alzado para herirme, y que vuelva a mirar las lágrimas de mi madre? ¿Y ternásme por cuerdo que pierda de ser caballero de Jesucristo por amor de mi padre, que aun si es con dexar a Cristo, no devo pararme a enterallo?».

Esto volvía a vociferar san Jerónimo, piedra en mano, en medio de un yermo desolado. Y a Teresa una se le iba y otra se le venía.

—Que no debo pararme a *enterallo*, que no debo pararme a *enterallo* –se repetía una y otra vez.

«¿Parecerte ha honesta cosa? ¿Ternásme por cuerdo que pierda de ser caballero de Jesucristo?».

—No, en manera alguna, ni honesta ni cuerda –contestaba ella entre sí.

Y al cabo tanto se lo repitió que le parecía ir vestida con armadura cuando se presentó aquel día, que aún lo recordaba bien, delante de don Alonso y le dijo con gran determinación que quería servir a nuestro Señor Jesucristo en un monasterio. Y aún recordaba la cara que puso su señor padre y el temblor de sus labios cuando le dijo este que no podía consentir aquella sinrazón. Y lo vio en un no tan recio que parecía como si se le fuera a ella cayendo toda la armadura al suelo igual que si se tratara de un velo de seda.

Pues de esto ya habían pasado algunas semanas y su padre estaba como una estaca de tieso y de serio. Y a lo mejor de ahí le venían a ella los mareos, váyase a saber...

—¿Qué hay? –le preguntó otro día Antonio, al pasar por sus aposentos.

—Mucho mejor –dijo Teresa sonriendo.

—¿Es bueno el libro que te procuré?

—Sí, sí. Aprovecha harto. Hay cosas que dan que pensar.

—¿Y qué es ello?

—Qué sé yo... En la vida. Se van pasando los días, los meses, y aquí sin hacer nada.

—Nosotros no podemos ir a las Indias –dijo él con los ojos bajos y con un deje de tristeza, después de un breve silencio.

Antonio era de los hijos varones de don Alonso el más flacucho, de cabellos claros y rostro ojeroso, algo encogido, aunque de condición muy buena. Había tenido unas calenturas recias de chico y parece como si la enfermedad hubiera hecho asentamiento en su cuerpecillo, que siempre andaba que parecía el espíritu de la golosina, tomando remedios de botica y demás. Se había hecho a la idea de que él no podía soñar como sus otros hermanos en irse a las Indias, que era bien poca su salud para irse tan lejos y tener vida tan aventurada, porque una cosa es morir honrosamente defendiendo las huestes del emperador y otra bien distinta quedarse en el camino por un jamacuco cualquiera.

—Y que no todos han de servir para lo mismo –le decía don Alonso cuando adivinaba la nostalgia en los ojos del muchacho.

Tal vez por eso también era muy dado a leer y a irse a las tierras de Gotarrendura y saber de la hacienda, y a callar cuando los otros hablaban de batallas y conquistas. Por lo mismo ahora se había quedado así delante de su hermana, como en suspenso, sin saber qué decir más de lo que había dicho.

—Hay otras Indias mejores a las que sí podemos ir –dijo Teresa.

—¿Cuáles?

—Las del cielo. Y otro emperador al que podemos servir: nuestro Señor Jesucristo. Y otras armas que podemos empuñar –siguió diciendo ella, midiendo cada palabra a la vez que miraba a su hermano con mucho detenimiento.

Pero entonces los dos se quedaron en silencio y ella no dijo qué armas eran esas que podían empuñar. Y el muchacho se volvió a quedar callado, cabizbajo y pensativo.

—¿No te gustaría servir a tan gran Capitán? –preguntó al fin su hermana en vistas de que él no decía ni chus ni mus.

—En eso estamos –dijo Antonio muy serio encogiéndose de hombros, al tiempo que se levantaba y se iba.

Teresa se quedó mirando por la puerta entreabierta cómo se marchaba y sonrió. Se le estaba ocurriendo la traza de un plan como los de antaño.

Luego ya se fue entonando, se repuso del todo y comenzó a faenar por la casa, pero nadie se dio cuenta de que ella miraba las cosas de otra manera, como si no las hubiera visto nunca. Miraba las puertas, las alfombras, las mismas paredes, miraba las ventanas; y a las velas, cuando se las encendían, las miraba también mucho rato; y a las plantas, sobre todo al avellano del corralillo. Y también al pan cuando lo partía y luego se quedaba mirando su escudilla y comía despacio. Pero de esa manera también miraba a su padre y a todos sus hermanos y era entonces cuando sentía dentro un dolor que era como una punzada en el corazón y ya bajaba los ojos para no seguir mirando.

Así se iba despidiendo Teresa de todo lo que la rodeaba, en silencio, en secreto, una despedida larga y dolorosa que no acababa de terminar.

—¿Y qué armas son esas? –le preguntó un día Antonio sin venir a cuento.

—Las de la Religión –contestó ella, que estaba esperando la pregunta tiempo ha.

—¿Te vas a un convento?

—Sí. ¿Y tú?

—¿Yo?

En la mirada del muchacho vio Teresa que tenía asegurada la victoria. Fue por entonces cuando empezaron a verlos a los dos retirarse y platicar hartas veces por lo bajo. Y se pensó don Alonso que su hija ya estaba consolada de la partida de Rodrigo y que ya no había de qué preocuparse. Pero no sabía él las conversaciones que se traían los dos hermanos.

—Esta vida pasa presto. La otra es la que importa y la que hay que asegurar –decía ella.

—Sí, pero luego los años traen muchos meses y los meses muchos días y los días muchas horas... ¡Que no es tan presto! –contestaba el muchacho.

—Si lo comparas con la eternidad, el tiempo que estamos aquí es como una vela que se consume.

—¿Y si luego no hay salud para llevar esas armas?

—Menos salud habrá para sufrir los tormentos del infierno y eso sí que no tiene remedio.

—Ya, pero... –titubeaba Antonio.

—No ves que es comprar el cielo por una nonada, ¿qué son nuestros sufrimientos por los de nuestro Señor?

—Poca cosa –acababa diciendo él.

—Hemos de pensar en el premio que luego tendremos y en la gloria y descanso para siempre, siempre, siempre...

Así fue, poco a poco, como Teresa fue convenciendo a su hermano de que lo mejor era que se fueran los dos a pelear en las huestes de su Divina Majestad y conquistar unas Indias mejores.

Capítulo 7

Prosigue en la misma materia y cuenta de cómo la noche es siempre amparadora de nuestros desgarros y desasimientos

Ya hacía mucho tiempo que dieron el toque de queda. Ahora solo se oían los ruidos de la noche: el viento silbando en la calle, el traqueteo de la ventana, el crujir de la tarima, el roce de las sábanas, la respiración tranquila de la niña durmiendo... Y su propio corazón que latía con fuerza.

Con los ojos abiertos en la oscuridad, como hacen las lechuzas, Teresa esperaba a que pasaran las horas. Habían concertado que se irían antes de la aurora, cuando aún todo estaba custodiado por las sombras. Tenía que ser de noche, antes de que las criadas se levantaran para hacer el pan y encender el fuego, dijo ella. De noche todos los gatos son pardos y nadie se enteraría. De noche, cuando todos duermen, saldrían de la casa. Ya se había ella encargado de que los cerrojos no chirriasen demasiado cuando abriesen la puerta. De noche, como unos ladrones o como quien comete un crimen. Y eso parecía que iban a hacer según estaba de nerviosa. Pero no había otro medio, ya no había vuelta atrás.

Por fin pudo arrastrar a Antonio para que la siguiera en esta empresa. Que no era cuestión de pasarse la vida allí, le había dicho, pudiendo ganar el cielo. Los demás ya se arreglarían, que el tiempo luego lo cura todo, pero si esperasen más sería peor, que había que decidirse de una vez a pasar el mal trago.

Debajo de la cama tenía el hatillo con una muda y poco más; las cosas que le había dicho su amiga Juana que le podían venir bien. Y después, por lo de la dote, no era menester cuidado, que ya se avendría a ello don Alonso, pues conocía ella a su padre de sobra y sabía que, pasado el primer golpe, no dejaría de hacer todo lo que hiciese falta.

Ay, pero qué largas se hacían las horas y qué congoja sentía en el pecho solo de pensar en lo que iba a acometer, que parecía que algo se le rompía por dentro cuando consideraba que aquello era alta traición. Pero ya estaba el hatillo hecho y las monjas esperando y la hora concertada, y todo eso era ya medio camino de su casa al convento.

Los hermanos la echarían de menos también. Ya mañana no estaría en esta cama y no contaría a nadie un cuento para dormir ni sería ella quien apagara las velas de la casa. Mañana todo iba a ser distinto. Una nueva vida, un nuevo horizonte que estaba comprando a mucho precio. Ahora sí que se jugaba todo lo que tenía: su casa, el cariño de los suyos y todos los deleites y consuelos de una vida holgada. Pero también se van las aves del nido cuando aprenden a volar, y así ha de ser porque es ley de vida. Que su madre a su edad ya era casada y con varios hijos y ella bastante había vivido en la casa paterna con veinte años que ya tenía. Tiempo era de volar por más que le pesara a su señor padre, por más que le doliera a ella misma.

Y luego se dio otra vuelta en la cama y pensó que por ventura hubiera sido mejor hacer tal cosa a otras horas, de día y a la vista de todos, y no como el que hace algo malo, diciéndole a su padre que la llevara él mismo al monasterio. Pero en el fondo sabía que eso no podía ser así porque él no se avenía a ningún razonamiento y ya le dijo fray Tomás que no había otra manera de hacerlo que la huida y que dejara de dar más vueltas, que vería ella cómo luego cambiaba todo porque su señor padre no dejaba de ser un buen cristiano.

Ah, pero qué aprietos eran estos tan tremendos por los que había de pasar, que si valiera tornar atrás como si nada hubiera acaecido... Pero no, no podía ser. Ya había dado el sí y eso sería mucha afrenta, ¿qué iba a decir Antonio después que él ya tenía tan gran determinación de entrar en los dominicos? No, ya estaba medio camino andado, la hora concertada, el hatillo ahí debajo, las monjas esperando... Era solo levantarse y cruzar los aposentos y abrir la puerta con cuidado y atravesar el umbral y salir deprisa hacia la Puerta del Carmen... Luego ya, cuando el sol desvelara todo, vendrían los llantos y los duelos, pero ya se sabe, no hay mal que cien años dure, se pasaría todo y vendrían días en los que alegrarse de ello.

No supo cuánto tiempo duró aquel duermevela, el caso es que se despertó sobresaltada y le pareció oír la señal convenida. Sí, era Antonio, que ya se había levantado.

Deprisa, en la oscuridad, no tardó en ponerse el corpiño y después la basquiña encima de la saya, con la que se había acostado para ganar tiempo. Cogió el hatillo de debajo de la cama, todo con paso, sin hacer ruido, no se fuera a despertar la niña que estaba al lado. Y salió descalza, con los chapines en la mano, para ponerlos después que saliera.

Parecía que el corazón le iba a estallar de un momento a otro. Se repetía una y otra vez que nada malo estaba haciendo, sino seguir el llamamiento de nuestro Señor...

Con cautela salieron los dos hermanos, sin ser notados. Solo el *Chilo* abrió los ojos al oírlos pasar.

A Teresa le daba la sensación de que los huesos se apartaban de por sí a cada paso nuevo que daba. Pensó que si Antonio no fuera con ella tal vez se hubiera tornado. Quería consolarse pensando que todo lo que vale harto cuesta, y que más pasó nuestro Señor en la cruz, pero no bastaban todas las consideraciones del mundo para dejar de tener un encogimiento grande en el pecho, que parecía impedirle tomar huelgo hasta no haber cruzado al menos las murallas.

Era aquel día de Ánimas y así pensó ella que no había otro más apropiado para morir a todas las cosas y también para que hiciera duelo don Alonso, pues por más fechas que se miraron y remiraron no se encontró otra más certera que aquella, que ninguna otra era buena para hacer algo así.

Ávila estaba en sombras. No había nadie por las calles. No se oía más que los pasos de ellos dos; pasos ligeros, firmes, esquivos, hacia el monasterio de La Encarnación. Y el viento también se oía, que se podría decir, pensaba Teresa, que quería ayudarles a huir según les empujaba por detrás para que fueran más aprisa, y parecía que con su fortaleza tapaba otros ruidos.

Fría, muy fría era la noche. Antonio iba bien embozado y Teresa no dejaba de temblar bajo la capa.

Y también la luna nueva desde lo alto los contempló, holgándose ella de ser testigo en oscuro de la huida, pues tiempos vendrían después en los que alumbrar con todos sus cuartos y ser compañera segura para cuando el amor estuviera en creciente, que ahora no era menester más luz para estos principios.

Pero fue al doblar una esquina cuando les pareció ver algo que se movía.

—¿Quién vive? –oyeron de lejos.

Seguramente fuera un corchete. Antonio cogió la mano de su hermana para darle confianza.

—¡Chissst...! ¡Vamos, deprisa, no digas nada! –le susurró.

Siguieron presurosos su camino sin volver la vista atrás.

—¡Eh, vosotros...! –volvieron a oír detrás de ellos.

—¡Dejadlos! –dijo otra voz–. ¿Quién va a pasar por aquí a estas horas? ¿No los veis? Son dos enamorados.

Los hombres llenaron la calle negra con su risa maliciosa.

—¡Enamorados que se escapan...! ¡Suya es la noche!

—¡Corred, corred... antes que el sol os dé alcance!

Capítulo 8

Avisa mucho de que siempre hay quien trata de desviarnos de los sueños de amor profundo que anidan en nuestra alma y le impiden alzar el vuelo

—Es el patio de los avellanos –le había dicho aquel primer día doña Catalina del Águila, la priora, al verla contemplar ensimismada el agua de los cuatro caños.

Ya habían pasado unos meses de su llegada, pero siempre que pasaba por allí se detenía un momento para quedarse mirando el agua que salía transparente. Entonces ella pensaba que si sería por ventura aquella agua la que encontrara la mujer del desierto después de andar tanto, de pasar tanta sed, tantos trabajos... Y se alegraba Teresa con este pensamiento y de estar ya en el monasterio.

Los primeros días los hubo de pasar con mucho desasosiego por la mudanza de todo, que era mucho el trueque, y porque se acordaba de su padre y hermanos. Pero poco le duró esta pena, porque luego todo se le iba en aprender hartas ceremonias en el coro y tener también harto cuidado en los andares, que no fueran presurosos; y no alzar demasiado la voz cuando era tiempo de hablar; y de reírse con compostura, que había de ser como sin ganas, para que la boca no se abriera del todo; y los ojos bajos y no mirando aquí y acullá.

—Que no estamos en el siglo –repetía una y otra vez doña María de Luna, que era la que estaba al cargo de las postulantes y novicias.

Y también había ceremonia para tratar a la prelada, que todo había de ser como a persona de mucha dignidad.

Total, que eran tantas enseñanzas y tantos miramientos y remilgos, que siempre alguno se escapaba y luego era la maestra a reñirla. Y eso Teresa lo llevaba mal, porque a ver qué culpa tenía ella de esto y de lo otro si no sabía aún todas las cosas bien sabidas. Aunque era mucho el disimulo, su contrariedad no dejaba de ser grande y deseaba estar sola para escapar de cualquier mirada y no tener que ser reprendida delante de otras.

Pero lo peor de todo era la cantoría del salmear. Eso sí que no acababa de sufrirlo, que le parecía a ella que hubiera sido más soportable tomar todos los días un poco de zarzaparrilla, con lo mal que había llevado esto siempre, que no ponerse ahí a mal cantar delante de todas. Hasta las educandas, que eran tan pequeñas, lo sabían hacer mejor. Así, cuando le tocaba el turno era tanta la turbación que le salía todo torcido y sin remedio.

—¡Corríjase! –le decía entonces áspera doña María–, que así no va bien.

De todas maneras, y a pesar de estos trabajos que ha de soportar todo principiante, se la veía contenta, porque bien pensaba ella que en todo estado no deja de haber sinsabores y aquellas cosas eran naderías una vez que pasaban y lo más era estarse con paz y sosiego y no tener que preocuparse de nada, que el único cuidado era el de su alma. Presto aprendió todas las santas costumbres y se pasó también la vergüenza del mal cantar, comprendiendo Teresa que todo era por ser honrosa, que luego en pidiendo ayuda, le salía mucho mejor y hasta ella misma se espantaba de la mejoría.

Al cabo ya de muchos meses, cuando se fue acercando el verano, la llamó un día la maestra.

—Tenga. Ya es tiempo de hacerse el hábito de nuestra Señora –le dijo sonriendo, mientras le entregaba una tela marrón y otra blanca, las dos bien dobladas.

—Dios se lo pague, doña María –le contestó, tomando en las manos aquel paño.

—Ya sabe que tiene que ser cumplido hasta los calcañares. Y el escapulario un palmo menos que el hábito. Empiece a coserlo, que ya se lo iré viendo.

Teresa se llevó consigo lo que le habían dado y se puso a la tarea, holgándose mucho en aquella costura. Y mientras tocaba aquel género una y otra vez, se imaginaba cómo estaría ella vestida de monja y dio en pensar que era como estarse haciendo el ajuar de novia, porque al fin y al cabo era un casamiento el que iba a hacer con su Divina Majestad. Y así, las que la veían coser, se alegraban de verla tan radiante, que era mucho ejemplo el que daba con su contorno y el rostro tan risueño y encendido que daba gloria. Lo único que temía Teresa era no saber corresponder a tanta dignidad y a tan alto estado.

—¿Cómo tiene la oración vuestra merced? –le preguntó un día el confesor, después de haber dicho ella sus pecados.

Cosa que no solía ser, porque siempre iba deprisa el fraile y no era de condición para entretenerse con tanta monja. Pero le había dicho la priora que la postulante tomaría el santo hábito dentro de unos días y era por eso el detenerse.

—Considero que es muy grande el llamamiento que me hace nuestro Señor a ser su esposa... –comenzó ella diciendo con algo de rubor.

El fraile se movió incómodo en su asiento y carraspeó antes de hablar.

—Déjese de ternezas de mujeres y aplíquese a los puntos de la Regla y a una meditación seria, ¿o es que no le han enseñado?

—Sí, su reverencia..., pero... –balbuceó Teresa toda confundida.

—Lo que salga de ahí son todo divagaciones peligrosas –le cortó antes de que siguiera ella hablando–. Ya sabe lo que tiene que hacer: los lunes, la memoria de los pecados; los martes, la memoria de la muerte; los miércoles, la memoria del infierno; los jueves, la del juicio; los viernes, la de la Pasión de nuestro Señor; los sábados, de la santísima Virgen; y los domingos, memoria de la Gloria. Eso es lo que debe meditar cada día, que de esto sacará buen provecho y no es menester otras consideraciones. Trate de limpiar bien su conciencia y de hacer penitencia por sus pecados, que a eso ha venido.

Mientras recibía la absolución, Teresa sentía como si la apretaran por dentro. Salió de allí igual que si le faltara el aire, aturdida y culpable de haber tenido pensamientos peligrosos y tan poco humildes.

Por su parte, don Alonso hablaba estos días con la prelada, doña Catalina del Águila, de la dote de la novicia. Que una vez que se convenció el buen hidalgo de que su hija no iba a volver a casa, acató todo con harta resignación, y en silencio ofreció a Dios lo más preciado que tenía.

—¿Podían ser veinte fanegas de pan de renta? –preguntaba tanteando la priora, que aunque sabía que los Cepeda eran familia pudiente, había que considerar el número de hijos en este caso.

El buen caballero se mesaba pensativo la barba haciendo cálculos.

—Apunte veinticinco por mitad de trigo y cebada –contestaba él todo espléndido.

—Como queráis... –contestaba satisfecha doña Catalina.

A su Teresa no le había de faltar de nada, pensaba él. Que si hubiere hecho casamiento bien que la habría casado. Faltaría más...

—Será necesaria además una cama, una colcha, dos mantas: una blanca y otra frazada... –seguía diciendo la priora.

—¡Eso! ¿Y sábanas?

—Sí. También sábanas.

—Apuntad: seis sábanas de lienzo y seis almohadas y dos colchones y una alfombra y cojines.... Y si os parece puedo traer otra cama de cordeles –añadía con largueza don Alonso.

Hablaron además de los hábitos, de los tocados, camisas, calzado, libros... Y en todo se fueron poniendo de acuerdo, dando siempre alguna añadidura por voluntad del caballero.

—Es costumbre también invitar a la comunidad a una colación y a una comida el día de la Toma de hábito y el de la Profesión –dijo doña Catalina después de mirar la larga lista que tenía escrita ante sus ojos.

—¡Eso! Y apuntad también el gasto de cera para esos días –contestaba él gustoso.

Cuando acabaron, se dijeron palabras de mucho cumplido antes de despedirse. Y ambas partes quedaron satisfechas del negocio que habían hecho, en especial don Alonso, que con todo aquello se quedaba tranquilo con su deber de padre para con una hija tan amada.

En llegando la fecha de la Toma de hábito, se hizo una gran fiesta y Teresa terminó contenta el día en que había recibido la librea de nuestra Señora.

Aquella noche se retiró con muchas emociones en su pecho, pues era harta alegría la de haber tenido allí a todos los suyos, y a su señor padre, tan tierno, que le había sido de no poca confusión. Y oyó cómo todos le pedían a ella oraciones, que ahora así los había de cuidar, le dijo Lorenzo. Era como si esperasen algo de ella, algo grande, algo que sustituyese con creces lo que no les había sabido dar quedándose con ellos. Y le rendían cuentas de cómo iba todo por casa.

—Todo bien, hija, que ya nos arreglamos –decía don Alonso–. Ahora a rezar por todos, que falta nos hace. Y por los que están en las Indias.

Fue entonces cuando le dieron las cartas de Hernando y Rodrigo y ella las guardó para leerlas a solas, cuando ya se hubieran ido, para holgarse muy a su gusto. Que parecía en cada palabra estarlos viendo y se imaginaba la expresión del rostro y leía con atención todos los detalles que contaban de aquellas tierras y sus extrañas costumbres, aquellos pájaros de lindos colores que no se ven por Castilla y que podían repetir lo que se les hablaba, y lo de las flechas de los indios, que eran sus defensas, poniendo veneno mortal en sus puntas. Y se espantaba Teresa de que sus hermanos no temieran esos peligros y tuvieran tan en poco sus vidas.

Ella estaba allí contemplando la noche con los ojos abiertos. Tocó a oscuras su hábito nuevo y no supo por qué se le vino a la memoria un fajo de seda azul que le hizo sonreír. No, no era este un traje para una novia, era un traje de batalla. En ese momento se prometió firmísimamente el no temer peligros de ninguna clase ni reparar en melindres para poder conquistar los bienes eternos.

Capítulo 9

Prosigue en la misma materia y dice que el alma que se ajusta tanto a lo que los demás esperan de ella acaba por enflaquecer y mustiarse en su apretamiento

En la casa de don Alonso mal que bien se iban acostumbrando a estar sin Teresa, aunque todos la echaban en falta, también las criadas.

—Ese árbol no es más que un estorbo ahí plantado en ese sitio. Menester sería quitarlo –dijo con mal temple la Leonor, que entraba en ese momento en la cocina, cargada con dos barreños.

—¡Y qué razón tienes! –contestó la María–. Además, tan retuerto como va, seguro que luego se seca.

Pero entonces Toribia, que las había escuchado, se volvió hacia ellas como una fiera con el cuchillo de pelar cebollas en la mano.

—¡A quien se le ocurra quitar ese árbol de ahí le corto yo las manos! Tenedlo por seguro. Que más retuertas y más secas van a quedarse ellas –les dijo en tono muy recio, amenazándolas.

Las dos criadas, que eran mozas, se miraron espantadas pensando que era desatino.

—Bueno, bueno... que no es para ponerse así. ¡Pues ni que hubiéramos hecho un crimen! ¡Señor! –saltó la María.

—Yo ya lo tengo avisado y quien avisa no es traidor. Que a ninguna de las dos os va ni os viene lo que se planta en esta casa ni lo que se deja de plantar. Y, ¡hale!, cada una a lo suyo.

Toribia se volvió a las cebollas con muy mal aire. Y las otras se pusieron en un aparte a pelar gallinas, que ya habían sido escaldadas en el agua hirviendo.

—¡Válgame Dios! ¿Pero qué le pasa hoy a la vieja? –preguntó por lo bajo la Leonor.

—¡Bah! ¿Qué le ha de pasar? Que aquel árbol lo plantó doña Teresa y ahora está con él como si se tratara de su misma persona.

—¡Acabáramos! –dijo con sorna.

—Y también que la Toribia es de condición acelerada, ya se sabe.

—Y que lo digas, hija. Que tiene unos humos...

Por la tarde, después que se recogiera todo lo de la comida y ya no quedaba nadie por la cocina, Toribia sacó los pestiños que había hecho el día anterior y los estuvo enmelando con cuidado. Una vez que hubo terminado, los colocó en una cesta y los tapó con un paño. Se fue a poner el mantillo y salió a la calle.

Al llegar a la Puerta del Carmen, se detuvo un momento para tomar huelgo, que era mucha la tirada y ya las piernas no le respondían como antes. Desde allí ya se veía el convento nuevo; el verlo la animó a seguir el último trecho.

Iba Toribia como barca que se mece en el Adaja, porque al ser ella tan entrada en carnes, todo su cuerpo se contoneaba de un lado a otro, gastando estos andares de gente corpulenta. Y aunque era mucho el esfuerzo, el contento de ver a doña Teresa hacía que la caminata no fuera tan dura. Lo que más temía era si acaso le preguntaba por el árbol. ¡Ay, Dios mío! ¿Y qué le iba a decir del arbolico? ¡Fuera Dios servido que se le hubiera olvidado!

Cuando entró en el zaguán del monasterio, se abría en ese momento la puerta y salía una señora que debía ser muy principal, pensó Toribia, porque iba con muchas galas y pedrería. La monja que le abrió la despidió muy cortésmente, con muchas reverencias, y ya iba a cerrar la puerta cuando la señora se hubo marchado. Menos mal que Toribia empezó a toser con falsedad para llamar la atención y que la viera que estaba allí. Fue entonces cuando le dijo que ella venía a ver a doña Teresa de Ahumada. La monja la miró de un cabo a otro, deteniendo la mirada en la cesta que traía colgada del brazo.

—Espere ahí –dijo señalando un poyo de piedra.

Y allí se sentó la criada a esperar.

Pero mira que si le preguntaba por el arbolito... Y se ponía a pensar qué le diría.

Fue después de mucho rato que volvieron a abrir y salieron otras señoras muy encopetadas que parecían dos pavos reales, y dejaron un olor muy rico en el zaguán. Mientras las despedía, la monja miró a Toribia como si ya no se acordara de que estaba allí.

—Si quiere que le lleve algún recado a doña Teresa... –le dijo mientras miraba la cesta.

—No, señora, no le quiero dejar ningún recado. Quiero verla y si no me voy.

La monja volvió a cerrar la puerta, pero al poco tiempo llegó otra visita y tuvo que abrirla otra vez y las damas pasaron adentro, muy dignas ellas y muy tiesas, que parecía que se habían tragado un sable cada una, pensó Toribia.

Aunque, bueno, menos mal que a la monja portera ya parece que se le alzó la voluntad de atenderla a ella, que estaba ya bien harta de esperar y también de pensar qué diría si la niña le preguntaba por el árbol...

—Pase por aquella puerta –le dijo al fin un tanto desabrida.

Toribia, cuando la tuvo de frente, no podía creer que aquella fuera doña Teresa. Ya hacía más de un año que no la veía, casi dos.

—¡Por la Virgen Santísima! Pero qué flaca está... –dijo por todo saludo.

—¡Toribia! –exclamó Teresa sonriente.

Y la hizo sentarse y se pusieron a platicar las dos. La criada le hablaba de don Alonso y de los muchachos y de cómo andaban las cosas por allí. Teresa seguía preguntando que qué era de sus hijos y de su marido. Y Toribia, que bien, gracias a Dios, aunque no faltaba cruz.

—¿Y no dan bien de comer aquí, hija? –preguntó de pronto la criada.

—Que sí, que comemos bien. Que tenemos muy buena vida.

—¿Y por qué está ella tan flaca?

—No, pero estoy bien.

Entonces Toribia se acordó de la cesta llena de pestiños y le dio alegría destapar el pañizuelo que los cubría y darle esa sorpresa.

—¡Hale, cómase uno!

Y entonces Teresa, por no desairarla, partió la punta de uno de ellos y se la llevó a la boca.

—Han salido muy ricos –dijo cuando lo hubo probado.

La criada insistió en que comiese más, pero ella no quiso. Y siguieron hablando. Contaba la monja que le habían dado celda muy grande y deleitosa, que tenía dos pisos y desde lo alto se veía la catedral y la iglesia de San Vicente. Y la criada preguntaba si tenía contento allí.

—¿Cómo no voy a estar contenta en la casa de Dios?

—¡Claro, la casa de Dios...! –contestaba Toribia pensativa.

Estuvieron así un tiempo hasta que llegó la hora en que Teresa tenía que ir a rezar, porque ya tañían la campana, y se empezaron a despedir.

—Que coma ella más, que está muy flaca –le insistió Toribia ya cerca de la puerta.

Y parecía que se iban las dos, pero entonces Teresa se volvió y la llamó.

—Toribia...

—¡Mande!

—¿Y el avellano del corralillo? ¿Está muy crecido?

—Bueno...

—¿Se secó?

—No, no. Está bien.

—Uy, pero según me lo dice...

—Que sí. Un poco retuerto y no muy fuerte, pero ya se enderezará, pierda cuidado.

—A ver si no se seca.

—A ver...

Teresa se quedó con pena por esto del avellano, porque siempre que veía los del patio del monasterio, tan fuertes y tan hermosos, se acordaba de aquel que plantaron Rodrigo y ella.

Y a Toribia tampoco le faltó pena que rumiar en el camino de vuelta, porque la niña no estaba bien. ¡A ella le iban a decir! Si no había más que verle el semblante, tan flaca, tan ojerosa, que le recordaba a doña Beatriz cuando ya estaba con el mal de la muerte. Y que no era la misma de antes, que ahora hablaba muy bajito, como si no le saliera la voz. Y con lo que le gustaban los pestiños solo había cogido un pellizco que por ventura sería de compromiso, porque se la veía sin ganas... ¡Igual que el arbolito se estaba quedando!

Capítulo 10

Se advierte que en terreno de oración de poco valen los voluntarismos y estrecheces sino la anchura y libertad para cavar más hondo. Y de cómo es menester gran ayuda para no malograr lo que va plantado

El claustro que rodeaba el patio de los avellanos era muy grande y muy hermoso, que era la admiración de todos por sus dobles arquerías y su amplitud. Pero a Teresa, de un tiempo a esta parte, le estaba pareciendo más largo aún de lo que era en un principio, cuando ella entró hace dos años. Como si le hubieran añadido unos cuantos metros más, pues sentía muchas veces que se le acababa el huelgo desde que salía de su celda hasta llegar al otro cabo. Y no digamos nada de la escalera que subía al Capítulo, que contados estaban que era de veinticuatro peldaños, pero se figuraba ahora, según estaba ella, que unos cincuenta habría de tener.

El caso es que aquella tarde le pareció mentira llegar al fin al coro y sentarse aliviada en su sitio. A una señal de la priora todas se pusieron en pie y comenzaron a cantar las Vísperas. Era una tarde calurosa de verano y a lo mejor era por eso que la capa le pesaba harto sobre los hombros, más que otras veces. Con tanta ceremonia de levantarse y sentarse y postrarse en el *Gloria Patri*, y la capa tan pesada, y el calor... Teresa empezó a sentir cómo se le iba nublando la vista y parecía que todo le daba vueltas y el suelo se movía... Hasta que dejó de ver, como si un paño negro la cubriera y la alejara de allí, mientras seguía oyendo muy lejos las voces de las monjas que seguían cantando. Hasta que ya no supo nada más.

Abrió los ojos y los volvió a cerrar. Estaba en su celda. Allí cerca, Juana Suárez trajinaba con cacharros y con agua, que no se sabía muy bien lo que estaba haciendo.

—¡Ay, Señor! Si Vos me dais el llamamiento por qué no me dais con ello la salud para serviros... –se quejó Teresa en voz muy baja, que era más bien como un gemido entre sí.

—Mal comiendo, mal durmiendo. Penitencia va y penitencia viene... ¿Y procurando salud? A este paso... ¡un hoyo para la sepultura! –dijo Juana con un punto de mal talante.

—Norabuena entonces.

—¿Norabuena?

—Ay, Juana, ¿Vamos a tener en algo nuestra vida? ¿Para qué estamos entonces en el monasterio?

—Yo solo digo que a la muerte no es menester darle voces para que venga, que ya se presenta ella sin llamarla.

—¿Y qué hemos de pretender? ¿Ganar el cielo con regalos? Allí nos han de pedir cuentas de cada paso.

—Pues a seguir entonces norabuena. Pero ya son tres desmayos en una semana. Donosa manera es esta de servir a Su Majestad. Que también la prudencia y la moderación son virtudes, digo yo.

Teresa calló entonces, considerando que era mejor no remover más la conversación, y siguió con los ojos cerrados, doliéndose ella de la salud tan flaca que tenía y haciéndose muchas preguntas. ¿Acaso los primeros eremitas del monte Carmelo eran de roble? ¿No eran también de carne y hueso como ella? Y si no eran para imitar, ¿por qué entonces habían de ponerlos como ejemplos en los libros? ¿Es que no tenía ella el mismo llamamiento que aquellos? ¿No era Dios el mismo en un tiempo que en otro?

Pero el caso es que alguna razón debía tener Juana Suárez, porque al cabo de unas semanas la salud fue empeorando y la voz se empezó a correr: que doña Teresa de Ahumada no levanta cabeza, decían.

Tiempo le faltó a don Alonso para personarse en el monasterio e insistirle a la prelada de traer un buen médico muy recomendado. Y después de ese vino otro y otro...

—A veces uno no basta, y cuatro ojos ven más que dos, y seis más que cuatro... –insistía don Alonso.

Y fue así como empezó la enferma a recibir un desfile de médicos ya de Ávila ya de los alrededores, que mandaba llamar su señor padre. Y unos le hacían tomar remedios, otros que la sangraran. Total, que ella seguía postrada en la cama, con desmayos cuando se intentaba levantar, con vómitos en cuanto comía algo.

Así estaban las cosas cuando se determinó entre todos hacer un viaje a Becedas, pues había dicho doña María que allí iban muchas gentes a una mujer que hacía curas y que por qué no llevaban a su hermana.

Era finales de otoño y tenían que ir bien provistos para el frío, porque uno sabe cuándo sale, pero no sabe cuándo vuelve, que pueden pasar mil cosas en los caminos. Se sacaron los tabardos y las estriberas para los pies; el papahígo para el rostro; las barjuletas de cuero llenas de ropa limpia; las alforjas bien repletas de queso, pan e higos secos, sin faltar algunos pellejos de vino y otros con agua.

Las criadas se dieron prisa en hacer almohadas con lana nueva para que doña Teresa fuera bien mullida. Que viajar estando enferma es no poco martirio, decían. Y con ellas forraron bien la litera, que así había de ser llevada, con el mayor cuidado de su persona.

Fue Lorenzo quien cogió en brazos a Teresa y la colocó allí con cuidado, tembloroso él, no fuera a hacerle algún daño.

—Todo irá bien, presto llegaremos a Hortigosa y allí descansamos –le dijo con terneza.

Teresa lo miró y le acarició la mejilla, sonriéndole, que por mala que estuviese no había quien le quitara el dar contento y mostrar buen semblante a todos, y por maravilla se mostraba ella con mala cara.

Pero todos iban callados, serios, taciturnos, con el corazón en vilo, pues temían por su salud en un viaje así, que bien flaca estaba.

—Dicen que no le entra el alimento –le susurró un gañán a otro.

—Pues si el gañote se cierra... ¡Malo! –contestó el otro cariacontecido, meneando la cabeza.

Se oyó la voz de salida. Después de un trecho corto, cuando ya comprendió que habían salido de las murallas, Teresa separó una de las lonas que cubrían la litera. Vio una llanura inmensa de la que parecía iba saliendo el sol como si fuera una bola de oro que doraría toda la tierra seca, parda y fría de aquella mañana. ¿Qué le depararían los caminos? ¿Salud? ¡Ah, para ello no es menester viajar! Los caminos solo pueden deparar aventuras, pensó ella. Cerró los ojos y se acomodó hacia atrás.

Pasaron largas jornadas y al llegar a Castellanos hicieron asentamiento. Resultó luego que no podían seguir a Becedas porque la mujer que hacía los remedios había dicho que hasta la primavera no empezaban las curas. Volver atrás se le hacía un mundo a la enferma y su hermana María no lo consintió en manera alguna, que muy bien podían esperarse allí y pasar el invierno, dijo.

Menos mal que al tío Pedro, cuando pasaron por Hortigosa, se le ocurrió regalarle aquel libro, porque con lección ella podía ir al fin del mundo y todo se le hacía más llevadero, que se le olvidaban hasta los males de tanto que se embebía en la lectura. Mientras, afuera, en el campo, no dejaba de llover, y dentro se oía el crepitar de las llamas en el hogar y el olor a leña llenaba toda la casa. Luego, en los días que hacía bueno se sentaba ella en el poyo de fuera, libro en mano, y de vez en cuando miraba el horizonte de aquellas soledades pobladas de encinas para volverse luego a la lectura:

> *«... Lo octavo que este ejercicio recoge a los sentidos del hombre a lo interior del corazón, donde está la gloria de la hija del rey, que es el ánima católica; y así muy bien se puede comparar el hombre recogido al erizo, que todo se reduce a sí mismo y se retrae dentro en sí, no curando de lo de fuera... En este recogimiento especial te has de retraer en el corazón y apartarte de todas las cosas criadas por espacio de dos horas: la una antes de mediodía, y la otra después en el tiempo más sosegado que hallares».*

A Teresa no es que se le abrieran los ojos, sino toda el alma se le abría al leer estas cosas, pues eran las que ella quería saber y por las que suspiraba, de cómo era el trato con Su Majestad y qué era lo que debía hacer para llegar presto a dicho trato, y cómo era eso de atar el entendimiento que tanta lata daba, que le parecía como una mariposilla de esas que no paran quietas y no se terminan de espantar cuando tornan otra vez a la luz. En leyendo estas cosas sentía cómo su alma se recogía y se deleitaba en la soledad. Allí no tenía a nadie que la apretara a no salirse un punto de lo que estaba convenido en la meditación, que si no se sujetaba a ello todo era remordimiento y más escrúpulos, y no acababa de entender que no pudiera tener lección para ayudarse, que también eso le era apretamiento y congoja. Ahora veía bien la diferencia de lo uno a lo otro. Aquí se ensanchaba y todo le era más suave y podía quedarse mucho rato en la simple consideración de que Dios la amaba... Y así perderse. Y luego seguir leyendo:

> *«La amistad e comunicación de Dios es posible en esta vida y destierro, más estrecha y segura que jamás fue entre hermanos ni entre madre e hijo».*

—Teresa, vamos, que hace un relente aquí... Vamos dentro, por Dios. Y ya está bien de tanta lectura, que luego la cabeza no deja de doler –insistía la amiga Juana Suárez, que la acompañaba.

—Ay, Juana, qué de enseñanzas provechosas vienen en este libro. ¿No es linda cosa considerar que nuestro corazón es un paraíso donde el mismo Dios tiene sus deleites?

—Por Dios bendito, que estas conversaciones son más provechosas al amor de la lumbre. Vamos y platiquemos adentro de todos los deleites que ellos sean.

Entraban las dos, pero ella seguía hablando porque aquellos descubrimientos que estaba haciendo eran muy difíciles de tener en secreto. Juana la escuchaba mientras se estaba con la labor y a veces se estremecía solo de pensar que aquello que le decía Teresa pudiera ser verdad.

También con su padre platicaba muchas horas y era todo sobre oración. Don Alonso, que era hombre tan avisado para cosas de virtud, la escuchaba con agrado.

—Mire, padre, que aquí enseñan bien cómo recogerse y cómo hablar con Dios y tener trato de amistad con Él... Hay que hacer como el erizo...

Y el buen hidalgo se mesaba la barba y, como era de mente muy ajustada al parecer de su confesor, terminaba diciendo:

—Habrá que hablarlo con fray Vicente a ver qué dice...

—Que es doctrina sana, padre. ¿Qué mal puede haber?

—No sé, no sé... Ya dirá fray Vicente.

Pero Teresa seguía bendiciendo a Dios porque al tío Pedro se le ocurrió regalarle este libro del *Tercer abecedario*. Menos mal, porque el invierno así fue menos recio y más corto, pudiendo echar leña en el corazón para que este ardiera y calentara la vida.

Y cuando el tiempo parece que tuvo a bien descorrer la neblina del horizonte y ya podían verse las montañas lejanas, y cuando empezaron a apuntar las margaritas silvestres por toda la dehesa y el cielo era cada vez más azul, entonces dijeron que había que seguir hacia delante, que ya era hora de ir a las curas.

¿Qué le depararían los caminos?, volvió a preguntarse Teresa cuando la comitiva arrancó camino de Piedrahita.

Capítulo 11

Habla de los ímpetus que tiene a veces el alma en ayudar a otras personas no estando ella aún fuerte para este propósito. Aunque en ciertas ocasiones salga bien parada, no es ello del todo aconsejable

El pueblo de Becedas, rodeado de montañas, es tierra de mucho verdor, que estaba en aquella época como un jardín de precioso, todo lleno de flores y de árboles. El agua era una gloria verla correr por los canales de las calles, y otra era la del Becedillas, el río que pasaba por allí. También había molinos y batanes, porque la gente del lugar se dedicaba a la molienda y a la tunda de paños. Las calles eran bien empinadas y allí, en lo alto de una cuesta, estaba la iglesia que llamaban de La Limpia Concepción de Nuestra Señora.

Teresa, cuando lo vio, se quedó admirada, pues no tenía costumbre de ver tanto plantío y naturaleza de tanta hermosura.

—Bueno, pues ahora que tenemos posada, lo primero es lo primero... ¡andando! –dijo don Alonso muy resuelto.

Y entonces fueron sin más dilación a ver a la curandera que tenía tanta fama por aquellos contornos y fuera de ellos, que hasta en Ávila se había oído hablar.

La mujer de las curas tenía en su casa una mesa llena de hierbas y escaramujos de muy distintas clases, que luego machacaba en un mortero e iba mezclando sabe Dios con qué líquidos o aguas para que resultaran aquellos bebistrajos que habían de beber los que iban aquejados de algún mal. Y también tenía pócimas y aceites y ungüentos que aplicaba mientras decía oraciones entre sí que solo conocía ella.

Teresa dio comienzo a los remedios que le fue dando la mujeruca después de contarle a esta los dolores que tenía y las pocas ganas de comer que había. Pero después de esto dijo que lo primero es lo primero y que se iba a buscar a un confesor. Don Pedro Hernández, le dijeron que se llamaba el cura del pueblo.

De esta manera, a la curandera le contaba de las dolencias del cuerpo y al cura lo que le iba acaeciendo en el alma, que ya venía de Castellanos con hartas consolaciones en la oración.

—Es servido el Señor de regalarme muchas veces noticia de su presencia, y es como verme envuelta en una gloria muy grande que viene a durar un Avemaría... –confesaba ella.

El pobre cura se quedaba espantado al oír tales cosas detrás de la celosía y, al ver quién las decía, que era una monja muy moza y harto hermosa. Empezaba a sentir vergüenza el tal don Pedro, porque no quería que ella se enterase de quién era él.

Pero un pueblo, por bonito o por feo que sea, no deja de ser un pueblo, donde todo el mundo se conoce y donde todo se cuenta y donde todo se sabe. Por eso, pronto le fueron a Teresa con el cuento de que el cura no era un cura como Dios manda, precisamente.

—Sí, señora, que es mucha verdad –le decía una vecina–, que aquí no se puede tener nada encubierto y se sabe muy bien sabido que el cura tiene su querindonga, que es una malnacida.

Y también vino a enterarse en dicha conversación de que la mujer aquella con la que tenía trato carnal, le había colgado al cuello un idolillo, que con eso lo tenía atado y bien atado a la voluntad de ella.

—Porque ya se sabe el poderío que tienen esos hechizos del demonio –le decía otra comadre del pueblo–. Y el que lleva el cura no es de oro ni de plata sino de cobre, que esos son los que manejan las afecciones del corazón y sirven para las cosas de amores.

A Teresa le entró una pena muy honda al saber aquello y se puso a pensar qué podría hacer, porque estaba claro que no lo podía dejar así como así, porque ella no era nada asustadiza como es el caso de otras mujeres, que salen corriendo cuando oyen estas cosas y nada quieren saber. No; Teresa desde pequeña tuvo ánimo valeroso.

Se acordaba ella de las noticias que llegaban de las huestes del emperador, que habían de hacer frente a los turcos y era todo con mucho derramamiento de sangre. Y otros eran los que habían de luchar contra los herejes, que cada vez eran más los enemigos de la Iglesia y esa era otra batalla no menos recia. Y no digamos de los peligros que sufrían los que iban a las Indias, que por tierra o por mar siempre había mucho riesgo de la propia vida.

Así estaba el mundo, con guerras en toda la cristiandad, y, ¿se le iba a negar a ella salvar siquiera el alma de un pobre cura? ¿Es que había de quedarse mano sobre mano en este aprieto? Se necesitaba no tener sangre para dejar de hacerlo y ella la tenía igual que la de sus hermanos, que la misma era. No se sufría quedarse quieta, ¿acaso no era Dios el que le ponía esta ocasión para que obrase?

Parecía encenderse por momentos y cobrar coraje y crecerle el ánimo para emprender esta batalla, la de librar un alma maniatada por un idolillo...

—¿Habrá de quedar por mí, Dios mío? –decía ella–. ¿No me daréis Vos mismo de vuestra fuerza para acometer esta empresa en la que tanto os va y que es para vuestra gloria? ¡No lo permitáis, Señor! Que no están estos tiempos para que se vean escándalos en los que son de vuestra amistad y menos en los pastores que han de guiar a vuestro pueblo. ¿Tan imposible va a ser quitar un idolillo para quien tiene poder de dar la vida y de quitarla?

Así fue como con estas y otras consideraciones se determinó a seguir confesándose con don Pedro, porque sabedora era ella de sus propios talentos y que si una mujer pudo embaucarlo para el pecado, bien podía ella, con la ayuda de Dios y con sus artes, que para eso también era mujer, llevarlo a puerto de luz.

—¡Por Dios, Teresa! Que ese hombre está malquisto en todo el pueblo y es mucha deshonra tratar con gente que no tiene vergüenza –le reñía su amiga, cuando la veía ir a confesar.

—¡Ay, pero qué cobarde eres, Juana! –contestaba ella riendo.

Entonces se estiraba bien la toca, para que no hiciese pliegues, y se la ponía muy bien puesta, y lo mismo el escapulario, y luego allá que se iba, muy derecha, con la misma disposición del que va a atravesar los mares o del que ha de coger la espada para luchar a vida o muerte. Y don Pedro, cuando la veía venir, se quedaba como embobado, porque nadie osaba hablarle así, como si él fuera un santo. Sentía entonces cómo la monja, que era tan moza, le iba hechizando no con ningún idolillo, sino con palabras que eran como un chorro de agua fresca y limpia que le regaba el alma tan agrietada y seca, dándole vida.

—Siento que el mismo Señor está en mi alma y es un deleite tan grande que no lo sé encarecer...

—Algo sabrá... –decía don Pedro con ganas de que ella siguiera hablando.

—No. Es como estar contenta cabe una fuente y aun sin beber ya se harta el alma y ya no se desea más, sino estarse allí con un sosiego tan grande que es trabajo luego tener que hablar y bullirse en las cosas de fuera...

Con estas conversaciones comenzó el cura a aficionarse en gran manera al trato de Teresa y a confiarle él mismo sus pecados y sus yerros. Entonces ya no se sabía quién confesaba a quién, hasta que un día, en un arranque que tuvo, le entregó el hombre el dichoso idolillo que llevaba al cuello y que ya le quemaba tanto que no podía soportarlo. Teresa se puso muy contenta y en cuanto pudo lo arrojó al río, porque el agua todo lo arrastra y lo limpia y además apaga los fuegos de malas pasiones... Desde ese día le empezó a cobrar mucho amor al cura en viéndolo cómo cambiaba de vida, y trataban mucho los dos de cosas del alma.

Y lo que pasa, que a veces no está uno tan fuerte como parece en un principio ni se tiene el corazón tan firme como se cree, sino que este se derrama a cada ocasión, y es como querer repartir el fruto que uno mismo está necesitando para no estragarse del todo. Y todo esto empezó a sentir Teresa, que ya le sonaba a mucha afición, demasiada afición la que se tenía con don Pedro, no sabiendo cómo hacer, porque le era recio el cortar aquello por lo sano, siendo ella de la condición de querer siempre contentar. Porque al cabo, se disculpaba muchas veces, bien que estaba mejorando el pobre hombre.

Resultó que si el cura mejoró harto, las curas iban cada vez peor, pues no hacía otra cosa la curandera que mandarle purgas y más purgas. A purga diaria empezó la enferma a enflaquecerse y desmejorar a ojos vistas, habiendo días que ya le era imposible salir para nada de la posada. Y todos decían que aquello no era camino de salud, porque se le iban encogiendo los nervios y ya no podía menearse.

—Esto no puede seguir así. Nos vamos a Ávila. ¡Andando! –dijo triste don Alonso.

El pueblo, el río, la posada, las gentes, ¡ay, las gentes!, los campos floridos, la iglesia en la cuesta... Y aquella curandera que casi la mata... Los remedios, las purgas, los vómitos, los dolores, y vengan más purgas un día y otro y otro... Todos los gastos de su señor padre, todas las diligencias para llevarla a ella con el mayor cuidado... ¿Y para qué? Para estar ahora más muerta que viva.

De vuelta a Ávila ya sabía Teresa qué le habían deparado los caminos: un libro para ensancharle el alma y un cura al que salvar del fango, que parece la mandó el Señor para esclarecer la confusión que el demonio había hecho en tal alma. Bendito sea Dios si para ello fue menester tal viaje, pensó. Tal vez el último ya, pues tan quebrantada iba que si le dijeran que había de vivir más tiempo no lo creería. Harta tristeza llevaba entre sí.

Capítulo 12

Dice que Dios siempre nos sigue dando oportunidades hasta ver cumplida en nosotros su promesa. Mueve mucho al hacimiento de gracias

Ni fuerza para una sonrisa. Era tal la debilidad que no cabía ningún disimulo. Don Alonso parecía un caballero vencido que volvía de alguna batalla. Recordaba las conversaciones con ella y se humedecían sus ojos. Se le iba esta hija, se le iba y él ya no podía hacer más.

—Desbaratada la traen. ¡Ay, Señor, qué desgracia más grande en la flor de la vida! –lloró una de las criadas.

Se había adelantado un gañán desde Hortigosa, por mandato de don Alonso, a dar aviso en la casa para que preparasen acomodo a doña Teresa, que la traían medio muerta. Y que de monasterio, por ahora, nada de nada, había dicho el señor.

Todos en la casa, nerviosos, se pusieron a hacer preparativos. La Leonor y la María abrieron ventanas, limpiaron el polvo, fregotearon suelos. Mencía, el aya, fue con Juana a sacar la ropa limpia de cama y buscaban las sábanas de holanda, que no acababan de dar con ellas.

—¿Y come algo? –preguntó Toribia al gañán.

—¡Anda esta! Si comiera por ventura sería salva, pero tiempo ha que no prueba bocado. Solo líquidos.

—¡Por los santos del cielo! –exclamó Toribia mientras volvía a la cocina con idea de hacer un buen caldo con sustancia–. Ahora, que esto se veía venir. ¡Si ya lo sabía yo! ¡Tanto convento, tanto convento!

Fue Pedro el que cogió en brazos a su hermana y la metió en casa. Todos estaban esperándola. Ella apenas tenía fuerzas para hablar.

—Dios guarde a vuestras mercedes –dijo bajito, como un susurro, que no podía ser más.

Allí, en el lecho, desmadejada, la echó. Y a Teresa le pareció mentira que se hubieran acabado todos los caminos y de nuevo se encontrase en sus aposentos. Cerró los ojos y muy presto se quedó dormida.

El padre, que estaba en extremo alarmado por la salud de su hija, mandó llamar al médico, que dijo que estaba hética. Pero luego llamó a otro, porque cuatro ojos ven más que dos. Y así fue como tornaron a desfilar los doctores, que estaban en la casa con un encogimiento grande cuando los veían entrar y más cuando los veían salir de donde la enferma.

—¿Qué se me da estar hética, padre? –decía ella–. Dios da la salud y Él la quita. Sabe bien Su Majestad lo que se hace.

Cuando decía estas cosas todos se admiraban de verla con tal resignación y oírle tales palabras. Todos menos don Alonso, que él ni se resignaba ni consentía de ningún modo que se le fuera esta hija tan pronto, que bastante sacrificio hacía ya con tenerla en el monasterio, como para que vinieran ahora a hablarle de que no tenía remedio.

Teresa leía la historia de Job en los *Morales de San Gregorio*, cuando se encontraba con mejoría. A veces iba Juana, la niña, y también le leía otro rato, que con tal de estar cabe su hermana hacía lo que fuere menester.

«Es un gran consuelo en medio de la tribulación acordarnos, cuando llega la adversidad, de los dones recibidos de nuestro Creador. Si acude enseguida a nuestra mente el recuerdo reconfortante de los dones divinos, no nos dejaremos doblegar por el dolor... En efecto, aquel que en el tiempo de los favores se olvida del temor de la calamidad cae en la arrogancia por su actual satisfacción. Y el que en el tiempo de la calamidad no se consuela con el recuerdo de los favores recibidos, es llevado a la más completa desesperación por su estado mental».

—¿Hoy qué día es? –preguntó la enferma después de haberse quedado trasvelada.

—Es catorce de agosto –contestó la niña.

—¿Catorce? ¡Ah, vísperas de nuestra Señora! Habré de confesarme...

Cuando su señor padre se enteró de que había dicho tal cosa fue preocupado adonde estaba ella y le tomó el pulso, cosa a la que tenía mucha afición y hacía hartas veces. Se ponía serio el buen hidalgo, que decía haberle enseñado a él un médico muy sabedor, y tomaba la mano de su hija y se estaba ahí escuchando sin permitir que nadie hiciera ningún ruido ni se osara bullir.

—¿Qué hay, hija? –preguntó después de cerciorarse de que el pulso estaba bien.

—Padre, que manden llamar a un confesor.

—Ninguna prisa hay en ello.

—Sí, que mañana es nuestra Señora, día de mucha solemnidad.

—Bueno, pues tengamos la fiesta en paz, que no es menester pensar en otra cosa.

—Pero yo quisiera estar bien dispuesta...

Don Alonso no se avino de ninguna manera y trató de

persuadirla de que era mejor que no, que cómo iban a molestar ahora a un confesor, que ella había de animarse, que iba a ver cómo se mejoraba. Era el calor el que la tenía tan abatida, pero ya, cuando llegara septiembre, el tiempo sería otro y ya no se hace tan recio. El pulso sabía él que estaba muy mejor que cuando llegaron de Becedas, y que si fuera comiendo algo, presto volvería la salud.

Teresa vio que no podía acabar con él y se quedó callada, triste de no poder salir por su propio pie en busca del confesor que ahora se le negaba. Pero, por no dar pesadumbre a su padre, que tanta congoja tenía al verla así, no hizo más fuerza.

Fue lo malo al día siguiente, el día de la Asunción, que al llegar la noche la vieron empeorar como nunca y se alarmaron en extremo. Teresa no daba razón de sí, la llamaban, la movían, pero nada. El médico fue llamado con presteza... Le tomó el pulso... le abría los ojos, se los cerraba... Nada. Por último le pasó un espejo por los labios entreabiertos... Nada. Estaba muerta. Se le echó cera en los ojos. Nada. Descanse en paz.

Doña Teresa de Ahumada era muerta en día tan señalado.

Mientras todos lloraban y decían ayes muy sentidas, mientras otros daban gritos y algunas mujeres se pusieron a rezar, don Alonso, ajeno a todo lo que estaba acaeciendo, se acercó a Teresa y le tomó otra vez el pulso.

—No puede ser... Esta hija no es para enterrar –dijo.

Y se acordaba él de que no la había dejado confesarse en este día y sentía mucho desconsuelo y apretamiento entre sí, y volvía a tomarle el pulso.

—Esta hija no es para enterrar –tornaba a decir.

Los demás lo miraban y comprendían que así estuviera, porque al fin y al cabo era el padre de la difunta y el golpe hace como si una venda tape los ojos y no deje ver la verdad de lo que pasa. Le quisieron levantar de allí, pero no lo consintió, ni probar bocado, que con una hija así qué ganas iba a tener él de comer.

Las criadas comenzaron a sacar los lutos mientras lloraban, que les parecía mentira que hubiera pasado un cosa así siendo doña Teresa tan moza todavía.

Y también vinieron los frailes y le dieron la extremaunción y le rezaron responsos.

Las monjas en La Encarnación, espantadas con la noticia, no dejaban de hacer corrillos y comentar la triste ventura:

—¿Habrá muerto de melancolía? Como dicen que lloraba tanto... –preguntaba una.

—No sé, dicen que hética –apuntaba otra.

—¿Y cuándo son los funerales?

—Tampoco se sabe. Dicen que su señor padre no la deja enterrar, pero la prelada ya ha mandado abrir la sepultura.

En casa de los Cepeda ya llevaban dos días con la difunta de cuerpo presente. Se turnaban para velarla. Lorenzo una noche se quedó dormido hasta que el olor a chamusquina lo despertó; una vela se había caído y la colcha de la cama estaba ardiendo.

No podían seguir así, le insinuaron a don Alonso, que iba siendo ya hora de darle santo enterramiento. Pero el hidalgo no lo tomó a bien y se enfureció como nunca.

—¡Yo soy el señor de esta casa y estoy en mi sano juicio para ordenar lo que se ha de hacer y os digo que no quiero oír más tal cosa, que esta hija no es para enterrar!

Todos callaron ante estas palabras, pero temían que el juicio del padre no estuviera tan sano como él mismo decía y se fueran pasando los días sin enterrar a la difunta. Ni siquiera fray Vicente pudo acabar con ello, que a nadie hacía caso el buen hidalgo.

Pero es que a veces pasan cosas raras que nadie se explica ni entiende. Y son los caminos de los hombres extraños a su razón natural, y son también tortuosos esos caminos, con recovecos que no se esperan y que aguardan sorpresas que espantan, porque es como si Dios fuera escribiendo en su libro, solo para sí mismo, cosas ocultas que con nadie comparte y solo se conocen cuando estas suceden y son patentes a los ojos. Que esto fue lo que acaeció aquel día, que vieron que doña Teresa empezó a mover un dedo de la mano derecha cuando ya todos la daban por muerta y la lloraban haciendo mucho luto. Pero ella empezó a moverse y a todos se les cortó el huelgo. Bueno, a todos no, que don Alonso bien que esperaba que la vida le diera la razón que los hombres le habían quitado, porque había dicho él que esta hija no es para enterrar.

Capítulo 13

Prosigue en la misma materia de cómo Dios se va abriendo paso por en medio de nuestras parálisis y hace cosas grandes en nosotros

Se habían hecho cruces las monjas aquel día que la vieron llegar en la litera. Y muy pronto se corrió la noticia por toda Ávila de aquello que había pasado, que doña Teresa de Ahumada, después de cuatro días dándola por muerta, había vuelto a la vida, aunque tullida y maltrecha.

Parecía un ovillo según estaba, que no se podía poner tiesa ni menear más que un dedo. Y cuando le querían pasar agua por la garganta le era insoportable porque toda se la abrasaba y era como tenerla cerrada ya para siempre.

—Cojan vuestras mercedes de esos picos de la sábana y nosotras por estos, que así se la mueve mejor.

Teresa entonces cerraba los ojos y sentía cómo movían su cuerpo y lo cambiaban de postura y vestían y aseaban como buenamente podían, que era siempre con mucho trabajo.

Así, en estas condiciones, llevaba ocho meses ya. Pero eso no quitaba que hubiera mucho trasiego de monjas por la enfermería, que unas eran por echar una mano y otras porque gustaban mucho de su conversación, pues para hablar no tenía impedimento la enferma, y era muy linda conversación la que trataba, siempre tratando de cómo recogerse en la oración.

—¿Y no será mejor conformarnos con la oración del coro, que es, en fin, la que nos obliga y dejarnos de esta otra mental? –preguntaba una de ellas.

—¿Y privarnos de todos estos bienes teniéndolos a la mano? ¡Bobada sería! –decía Teresa–. Lo mismo que si un pobrecito se entera un día que un deudo suyo le ha dejado en herencia un palacio, ¿habría de quedarse quieto pensando para qué hacer tal mudanza, teniendo ya su aparejo?

—Quiere decir entonces vuestra merced que la oración mental es ese palacio que nos brindan...

—No. La oración solo sería la puerta de dicho paraíso que se encuentra en nuestra alma.

A todas las que estaban allí les gustaba oírla hablar tales cosas, que era algo que espantaba viéndola así de tullida, sin poderse menear siquiera, y tan animosa.

—Doña Teresa –le decía otra–, todo esto está muy bien, pero es menester tener presente la de peligros que encierra esta manera de oración, que ya lo avisan muchos letrados, en especial para mujeres, que tenemos flaca la cabeza.

—Sí, vamos, que no corre el aire para estos candiles... Pero no haya miedo –contestó ella sonriéndose–. Achicarnos los deseos, esos son los despropósitos que llevan.

—Entonces, ¿qué hemos de hacer nosotras?

—Tenerlos grandes, por lo que puedan menguar y no dejar que nos acorralen –decía Teresa con fuerza.

Y aquellas monjas se iban después a sus celdas con ánimo muy crecido y considerando las cosas que hablaran alrededor de la enferma, que eran pláticas edificantes y no chismorreos y comidillas que circulaban por el monasterio. De eso, nada de nada, decía Teresa, que ella no consentía que se hablara mal de nadie y así se guardaban mucho las espaldas en su presencia.

Algunas tardes también la visitaba don Alonso, pues le era mucha consolación ver a esta hija. Y también era mucha la descomodidad de las monjas al llevarla en unas parihuelas hasta el locutorio, pero allá la llevaban para que su señor padre tuviera ese alivio y pudiera también tratar con ella cosas del alma.

—Lo primero, mucho hacimiento de gracias, que dicen que fue este lenguaje inventado por nuestra Señora –le aconsejaba Teresa.

—Eso es obligación, hija, pero lo otro de subir sobre sí y el no pensar en nada... Se me hace recio...

—Poco a poco, padre, que no hemos de ganar esta victoria en una hora –le animaba ella.

Y porque es verdad que la vida empuja siempre desde lo más hondo, que así acaece con las semillas dentro de la tierra, que en sí mismas tienen vida que las hace abrirse paso en medio de su enterramiento y arremeten hacia arriba con poderío hasta salir afuera buscando el sol. Y lo mismo pasa con las semillas ya de animales ya de personas, que por muy pequeñas que ellas sean son llamadas a vivir y ellas mismas contienen en sí la vida y la fuerza para ir creciendo dentro del vientre de la madre, y una vez que llega el tiempo abren dicho vientre buscando este mundo, y es algo que no se puede detener, porque así ha querido nuestro Señor que vaya aconteciendo este mundo.

Por eso también acaece que el alma empuje hacia fuera y así no nos conformemos en pasar por esta vida sin cumplir el encargo que desde dentro nos reclaman. Que eso fue un día lo que le pasó a Teresa, que en llevando más de dos años tullida y hecha una esclava le empezaron a entrar grandes deseos de moverse, de andar, de ir en busca ella también del sol. Y acaeció que sin que la viera nadie se tiró de la cama, como quien se tira a un río sin saber nadar, y allí, con dolores, con esfuerzo, consiguió por fin arrastrarse en principio como un gusanillo y más tarde andar a gatas, como los niños cuando ya es tiempo de que caminen.

—¡Por los clavos de Jesucristo! ¿Se ha caído vuestra merced? –le dijo la enfermera al encontrarla de esta guisa, al tiempo que se apresuraba a socorrerla.

—¡Qué he de caerme! Aprendiendo estoy a andar, que ya es norabuena –contestó Teresa con lágrimas en los ojos por los dolores.

—¿Pero no ve que se puede quebrantar algo?

—Déjese de quebrantamientos, que ya ha habido bastantes. El glorioso san José es el que ha puesto en mí la determinación para principiar a andar y le digo que así ha de ser. Que estos miembros míos dormidos se han de despertar y ser yo señora de ellos.

Y aunque los primeros días quedaba con hartos dolores y muy fatigada, no dejaba de seguir haciéndose fuerza. Así, poco a poco, pudo llegar a sostenerse por su propio pie.

Cuando don Alonso se enteró de la mejoría aquella tarde que fue a verla, volvió con gran contento a su casa y con mucho regocijo lo contaba a todos.

—No es esta hija para estarse quieta, no –decía.

Se alegraron todos por la enferma y por el padre de la misma, que últimamente andaba el hombre huidizo y muy dado a sus devociones, como persona avisada para cosas de virtud. Nadie sabía si tenía pena o contento, porque todo lo guardaba para sí. Solo cuando hablaba de la su Teresa parecía que se le iluminaba el rostro. Y luego se volvía para sus adentros y a tornar a sus devociones, pareciendo que ya no había más que dedicarse al cuidado de su alma.

La noticia que doña Teresa de Ahumada ya andaba corrió por todo el monasterio y hasta las menos devotas de ella, que de todo tiene que haber, iban a curiosear a la enfermería y le daban sus parabienes, porque todo el mundo la daba por tullida para siempre y esta mejora se les hacía cosa de espanto.

Pero así fue. Al principio solo eran unos pasos, que con dar seis u ocho ya eran demasiados para alguien que había estado postrada dos años. Después se fueron aumentando con el tiempo hasta determinarse ella a salir a los claustros, que le parecía mentira.

Y eran hartas veces las que la veían apoyada a una columna, como descansando y tomando huelgo, mientras miraba con mucho detenimiento los cuatro caños del patio de los avellanos.

—¿Y por qué vuestra merced se deleita tanto contemplando el agua?

—Porque se parece a Dios –contestaba Teresa.

Y la monja que hizo la pregunta hubiera seguido indagando cuál era el parecido de Dios con el agua, pero en ese momento tañían y lo dejó estar porque sabía bien que a doña Teresa no le iban a faltar palabras para hablarle de dicho parecido durante toda la tarde si fuere menester.

Capítulo 14

Que dice que el corazón es como una madeja de seda con la que se va bordando la vida según el dechado que tengamos delante, pero se ha de tener harto cuidado en no dejarla enredar

Toda la gente preguntaba por doña Teresa. Desde que se puso buena y andaba ya por su pie eran muchas visitas de seglares las que tenía en el locutorio, raro era el día que no recibía alguna. Y es que al principio fue muy sonado eso de la curación e hizo mucho ruido, y lo que pasa, que los inviernos en Ávila son fríos y no hay diversiones, pero sí entretenimientos con las monjas de La Encarnación. Pero también era que, aparte de la curiosidad, doña Teresa tenía tan suave conversación y la boca tan llena de alegría que uno no se cansaba de oírla, porque era un trato muy llano y afable que engolosinaba a cualquiera, haciéndose penoso el despedirse de ella. Y ahí se juntaba esa condición suya de contentar a todos lo más que pudiese y el hacérsele recio despachar a nadie.

—Pues hija, ni se cuentan las horas que lleva ahí metida... –decía una monja a otra.

—¿Quién? ¿Quién?

—Quién va a ser, doña *Conversación* de Ahumada.

—¡Ah, ya! Deje, deje, que por su medio buenas limosnas nos llegan y es gran ayuda para la casa.

—Dejada está. Yo solo decía que es harto el tiempo que pasa, que bien tempranito llegó hoy el caballero, como si le fueran a faltar horas.

—Bueno, bueno. Y yo solo digo que el caballero tiene *din* –dijo mientras hacía el gesto de rozar los dedos– y que aquí estamos con harta estrechura y cada vez van entrando más monjas. Deje que venga lo que quisiere, que mientras traiga las limosnas...

—No, si dejado está, que allá se las den. Solo digo que ni sé las horas...

Cuando Teresa no estaba en el locutorio atendiendo al tal caballero, las más sus amigas se pasaban el recado y se iban en su compañía a platicar de oración o de lo que se ofreciere, mientras hacían labor. O también a ver de paso qué novedades traía en su celda, porque para eso era ella muy curiosa y muy dada a mandar pintar la imagen de nuestro Señor harto devota, que luego la ponía en el oratorio que tenía en la parte baja, junto a otras que gustaba de tener allí. Y todas decían que se estaba que daba gloria.

Ella notaba que se le ensanchaba el alma con estos tratos y pasatiempos, holgándose mucho de estas amistades que le confiaban penas y zozobras, y a ella nunca le faltaban palabras de ánimo para cada una de por sí.

—¡Uy, válgame Dios! Ahora se ha salido esta madeja. Malo será que no se enrede –dijo una mañana mientras bordaba y hablaban de no sé qué visita.

Era un ovillo de seda, de color encarnado.

Esos ratos se pasaban bien, lo peor luego era tener oración, que era algo que empezaba a temer y ya no se deleitaba como antes. Ella, que no se cansaba de hablar de los bienes que traía consigo y de aconsejarla muy mucho con todos los que hablaba, ahora rehuía ese momento como gato del agua hirviendo.

Se ponía allí sola, igual que había aprendido en los libros y todo se le iba en un ir y venir de rostros, de conversaciones y recuerdos. Bien sabía que a eso no se le podía llamar oración, precisamente.

—No os vayáis aún, os lo suplico… –le había dicho esa mañana el caballero aquel, cuando ella se disponía a salir del locutorio.

—Llevamos mucho tiempo. Tengo mis obligaciones –se excusó.

—Me hace tanto bien el escucharos y es tanto lo que os debo… ¿Es que hay mayor obligación de caridad que atender a un alma que como la mía requiere de vuestra experiencia?

—Vos, que lo veis así, ¿pero qué bien puede haceros esta mujercilla? –disimulaba ella azorada.

—¿Me haréis repetir una vez más que vos le hacéis a mi alma más provecho que todos los predicadores juntos? ¿De dónde sacaría yo fortaleza para llevar mis trabajos sino del trato con vos?

—La fortaleza la hemos de sacar de nuestro Señor.

—Sí, pero sois vos quien me enseña cómo he de hacerlo para sacarla de Él. Tanto he aprendido a vuestro lado que ya no soy el mismo de antes.

—No digáis eso…

—Lo digo y lo volveré a repetir cuantas veces fueren menester. Volveos a sentar, os lo suplico…

Y Teresa se sentaba y volvía a aquietar su conciencia hablando de Dios, tratando cosas del alma, mientras él seguía mirándola de aquella manera y ella sentía que se dejaba enredar por esa mirada, por esos cumplidos, que luego tornaban una y otra vez a su memoria cuando se encontraba sola, sin poderlos apartar de sí.

De este modo gastaba las horas de oración, en recordar… Y lo malo era que no sabía salir de aquel laberinto ni encontraba ayuda que la pudiera socorrer, pues todos la veían monja ejemplar y discreta, de mucha virtud, que los traía admirados con sus devociones y su manera de hablar de Dios, y no podían ver peligro alguno.

—Quede tranquila vuestra merced, que yendo todo por obediencia no es menester andar con esos escrúpulos. Si la mandan al locutorio, vaya norabuena –le decía el confesor.

Y si iba a la priora, era el mismo cantar, que no había mal ni pecado en tener conversación con ciertas personas.

—Ese caballero es de lo más principal de Ávila, doña Teresa, y eso le da honra al monasterio y principalmente a vuestra merced. Huélguese en ello –le decía la prelada.

—¿También aquí nos ha de valer la honra? –preguntaba ella.

—Las cosas son como son. ¿O es que quiere por ventura venir ahora a mudar el mundo?

Teresa callaba, pero en su interior se decía que alguien había de ser quien lo cambiara, que buena falta hacía.

Pero luego, cuando se quedaba otra vez sola y venían de nuevo todos los aprietos era como si por dentro le tirasen de un cabo para alejarla de todos aquellos tratos y amistades. De ahí el cansancio de su alma, porque traía a la pobrecita en la palestra a todas horas, sin darle huelgo. Y es que, en fin, tanta palabrería llega a fatigar y ahoga, porque se vuelve contra una, que eso era lo que ella sentía. Y esto se puede sufrir por un tiempo, pero no siempre. Sabedora era ella que no era este camino de veras, que se lo estaban diciendo por dentro, aunque por fuera tuviera a todos con harta confusión.

—¿Para esto dejé yo la casa de mi padre? –se lamentaba–. ¿Para esto sale el sol por las mañanas, para dejar pasar los días sin vivirlos...? ¡Más me hubiera valido morir cuando aquello del paroxismo! ¿Para esto hube de recobrar la salud?

¿Dónde quedan, Dios mío, aquellos días en que me regalabais y todo era procurar soledad para deleitarme con Vos?

Se veía entre sí como mujer malcasada que ha de tener resignación con la desdicha que le ha tocado. Pero no. Esta situación era insoportable y por eso empezó a pensar que quién la obligaba a ello, a estarse ahí plantada delante del Cristo, sin sentir nada, solo abatimiento y cansancio y vergüenza de mirar aquel Rostro, aquellos ojos, mientras le venían otros a la memoria... Aquello era como tener que pasar por el arco de los leales amadores, ese arco que leyera en el *Amadís* mucho tiempo ha, arriesgando su vida, a sabiendas que la trompa tañería un son espantoso, al comprobar su deslealtad, que la aventaría lejos, muy lejos... ¡Ah, pero eso eran solo leyendas, cuentos que había leído cuando joven! Lo cierto es que nadie la obligaba a este martirio, que harto hacía con servir al coro como todas. Y se le ponían por delante sus enfermedades, que milagro era que estuviese viva.

Así, con estas disculpas, fue dejando la oración, considerando ella que era lo mejor que podía hacer. Y procuraba no le faltara compañía y hablar, hablar, hablar de Dios y del alma.

—¡Ay, válganos nuestra Señora! –suspiraba entre sí hartas veces, acordándose de su madre.

Poco a poco se fue perdiendo de vista la mujer del desierto, pues se iba alejando más y más, que ya casi no se veía. A saber dónde se encaminaba ella y si moriría de sed.

Capítulo 15

Prosigue en la misma materia de la madeja encarnada y dice que mientras no se quiten las ocasiones no se quita el enredo

Una mañana, cuando más sol entraba por la celda, en la parte de arriba, se dispuso Teresa a continuar con la labor que traía entre manos, que era algo primoroso y de mucho valer, según el dechado que traía delante.

—¡Pero qué manos tiene vuestra merced! Si parecen de ángeles... –le dijo una amiga que admiraba el bordado.

—Ya será menos –contestó ella–. Tengo para mí que no tienen estos trabajos los ángeles. Mire, esta madeja de seda está tan enredada que harto me está costando sacar alguna hebra.

—Pues ya es lástima, con lo buena que parece...

—De lo mejor, pero ya podrían venir los ángeles a quitarme el enredo... Tiro de un cabo despacio y algo saco; pero, ya se sabe, el nudo, cada vez que se tira, se aprieta más y presto no habrá manera de hacer nada.

Entretenida en labores, en visitas, reclamos y conversaciones. Ocupada en los trajines de un monasterio que encierra en sí mil mundos, así estaba cuando sus hermanos le llevaron la triste noticia.

—Padre está muy malo, que de esta no sale.

Aquello fue como un chaparrón inesperado en campo abierto. Todo se desvaneció, se esfumaron de golpe los rostros, las palabras, las tareas y solo existía en la tierra su padre enfermo y ella con presura por las calles de Ávila a estar cabe él.

Cuando llegó vio que la muerte le rondaba el lecho para luego asirle despacio con ese manto de silencio, tan frío, con el que siempre se presenta. Don Alonso Sánchez de Cepeda, el buen hidalgo, estaba ya en las últimas, y él mismo sabía bien que era cuestión de días. Pero no le importaba. Ya había vivido bastante y no le quedaba más por hacer en este mundo de apariencias y de engaños. No había menester comprar más títulos ni hacer más negocios ni pelear más pleitos que los del que se prepara para encontrarse con el verdadero Juez y Sabedor de todo lo que ha sido. Esas cuentas eran las que ahora le importaban, que lo demás resultaba ser nonada. Había asegurado la honra de los suyos y el precio de esta fueron hartos aprietos y penas y trabajos que se tragó para sí y que quiso acarrear él solo, como quien lleva un fardo pesado a la espalda, y se figuraba en su delirio que por eso le dolía tanto ahora.

—Hija, que me duele mucho, que no lo resisto... –se quejaba las más de las veces.

—Considere, padre, que ayuda a nuestro Señor a llevar la cruz... –le contestó un día Teresa mientras le hacía acomodo con almohadas y cojines, ahora de un lado, ahora del otro.

Y al pobre hidalgo tanto le valió este consejo de la hija monja que ya no hubo manera de oírle queja alguna.

Mucho cuidado traía también Teresa de no dejar salir afuera la pena que tenía ella tan agarrada en su pecho al ver así a su padre. Que de buena gana soportaba los desvelos, las descomodidades, los malos olores, las importunidades y, en fin, todo lo que acarrea el cuidado de un enfermo en esas condiciones. Pensaba que así pagaba de alguna manera todo lo que le había hecho sufrir a él con aquellos devaneos de su mocedad y luego cuando huyó para meterse en el convento y más tarde, cuando se puso tan mala, que por poco la entierran. Todo eso lo había llevado su padre con la paciencia de un santo.

—Pierda cuidado –le dijo un día fray Vicente a Teresa–, que ha muchos años que le confieso y tengo para mí que su señor padre irá derecho al cielo, que tiene harta limpieza de conciencia. Y vuestra merced mucho le ayudó en materia de oración.

Grande fue su dolor al oír tales cosas, y aunque en un principio tuvo mucha disimulación por ser ella tan honrosa, considerando cuán presto se acaba todo, comenzó a confesar con fray Vicente y cuando ya estaba asentada la confianza le contó qué le pasaba y cuáles eran sus trabajos:

—Que ha más de un año que no tengo oración...

—¿Cuál es la causa de ello?

—No lo sé... Mis enfermedades, que desde que me pasó aquello ya no sé qué es tener salud...

—¿Y no se estará engañando, hija? No son menester fuerzas corporales para la oración.

—Ni las tengo por fuera ni por dentro.

—Y ahora, ¿cómo se conduce vuestra merced?

Tardó en salir la respuesta por estar muy en lo hondo:

—Mal. Como quien cae en una trampa y no es capaz de salir del enredo en que se ha metido –confesó Teresa.

—No es cosa de extrañar. La oración es la única que la podrá sacar de ahí.

—Pero, fray Vicente, ¿cómo vencer ese tormento que me causa el estarme en oración sin sentir nada, llena de recuerdos, cuando es algo a lo que mi Regla no me obliga? Que es eso lo que se me pone por delante.

—La obliga el amor. Y no hay más de estarse quieta en aquella hora que tenga de por sí, sin moverse antes de ser cumplida. Le aseguro yo que saldrá con ganancia, que el Señor, en viendo nuestra voluntad que es sincera, no deja de pagar todo esfuerzo. Vuelva a ella y determínese a no dejarla más, que es ese engaño muy grande.

—Encomiéndeme muy mucho para que así sea... –suplicó ella.

—Lo haré. Y no tema, que solo bienes se pueden sacar de la oración. Enmiéndese de lo errado y alégrese de volver al buen camino.

Teresa se quedó muy confortada porque fray Vicente había conseguido infundirle nuevos ánimos y se veía que era un gran letrado. Con alguien así por ayuda todo parecía menos dificultoso, si lo tuviera siempre... Y con estos pensamientos se volvió a donde estaba su padre.

A veces la muerte parecía muy cercana a don Alonso, como si le llegara a abrazar, pero otras era como si se ausentara de aquella pieza en la que el enfermo revivía otra vez y se le podía ver muy mejorado.

—Padre, verá como cobra la salud –le decían entonces unos y otros...

—No os engañen las apariencias de esta mejoría, que es cierto que me voy –contestaba él con un hilillo de voz.

—Díganos algo ahora, padre... –le animaba la hija monja.

—No tengo más de deciros que sirváis al Señor, que esta vida se pasa presto y hay que tener las cuentas bien arregladas para cuando llegue la hora.

Y cierto que llegó la hora, cuando la muerte, que nunca se había ausentado sino que aguardaba cautelosa y como escondida a que llegara su momento, avanzó hacia él y, cubriéndolo con su manto blanco y frío, se lo llevó el día de Nochebuena.

Entonces, después que se hizo duelo y se sacaron los lutos. Después que se enterró don Alonso en la iglesia de San Juan, junto a doña Beatriz, su amada esposa. Después que se reunieron los hermanos y se abrió el testamento y vieron que no había beneficios sino deudas y acreedores al acecho, y después del revuelo que esto causó por parte del yerno, don Martín de Guzmán, que reclamaba con fuerza la parte de su mujer... Teresa se despidió de aquella su casa, ahora vacía, que tantos recuerdos encerraba por todos sus rincones: el desván, el corralillo, la galería, el huerto, la cocina, el dormitorio, las piezas de arriba... Todo lo miró con ternura y con tristeza.

Hacía dos años ya que Lorenzo y Jerónimo partieron a las Indias, y ahora Pedro y también Antonio, que por fin se decidió por este camino y no por el de la Religión, marcharían dentro de unos meses a correr la misma aventura. Agustín todavía era muy joven, y se quedaba en casa de los tíos hasta cumplir la edad de poder irse él también allende los mares.

—Vámonos, Juana, que aquí ya nonada hay que hacer –le dijo a la hermana pequeña.

Y las dos se fueron a La Encarnación. La menor se llevó el ajuar para terminarlo, aguardando así el tiempo de ser casada; la mayor se llevó el consejo de fray Vicente, tan santo y letrado de tornar a la oración y dejar ciertas amistades.

Pero al día siguiente de llegar al monasterio llamaron a Teresa al locutorio.

—¡Cuánto se la echa de menos, doña Teresa! Sin vos esto no es lo mismo.

Ella le miró y comprendió al momento que seguía presa en las redes de la trampa que ella misma se había tendido, sin saber por cuánto tiempo aún. Los consejos del dominico allá se fueron, como el humo... Porque una cosa son los propósitos y otra muy distinta la fortaleza para llevarlos a cabo y evitar las ocasiones, ¡ay, las ocasiones!

Capítulo 16

Habla del único encuentro que puede cambiar la vida y dar fuerza para determinarse a darse del todo al todo sin hacerse partes

Sería por Cuaresma cuando le llevaron a la celda aquella imagen tan devota de un Cristo muy llagado que se iban pasando unas a otras... Allí se puso Teresa, delante de Él...

¡Ay, Dios mío! Pasaban los años, cinco, diez... Y no llegaba el deseado amor. Porque es este como un huerto que hay que cuidar, regarlo aún con trabajo, escardar y quitar de raíz las hierbecillas, aunque sean pequeñas, y esperar luego que llegue el tiempo del fruto...

La mujer del desierto estaba ya harto fatigada de tanto andar sin rumbo, porque habían sido muchas las voces que le habían dicho que por aquí, que por acullá... Pero el caso es que estaba cada vez más perdida.

Había bebido de charcos fangosos y se había acercado a pozos ciegos que aumentaron más su sed. Y así estaba ella, como el que viene de pelear con sombras de muerte y al fin ha de rendir armas.

El aire del desierto traía voces lejanas, ecos que son de los que por allí pasaron alguna vez, dejando sus huellas para recordación de otros:

—«Yo gemía y sospiraba fuertemente... De esta manera estaba yo enfermo, y me atormentaba más de lo que solía, y volvíame y revolvíame en mi prisión» –gritaba Agustín en su anhelo.

Igual ella, cuantas veces sospechara de sus pasos errados tantas otras le fueron diciendo que siguiera, que por allí por donde iba encontraría el agua que buscaba. Pero bien supo luego que no fue así. Se dejó engañar o se engañó ella misma, váyase a saber, porque a veces resulta más fácil ir al hilo de la gente que seguir la voz que se oye en el hondón del alma.

Y sabe Dios qué derroteros fue a tomar para irse tan lejos, que no se explicaba cómo pudo perderse de esa manera cuando parecía que era ayer que sus pasos iban ligeros por el camino de la verdad, y ahora consideraba que no podía ser otro que el de la mentira el que la había conducido a este estado de muerte.

—«Deteníanme las mentiras de las mentiras, y las vanidades de las vanidades de mi antigua amistad, y sacudían mi vestidura carnal, y murmuraban: ¿cómo, y hasnos de dejar?» –volvía a oírse en el aire.

Ay, que no bastaron todas sus diligencias para encontrar quien le diese vida. Habían sido tantos los tropiezos, tanta la cautividad que sentía, que el desierto, cuan grande es, la terminó ahogando, con harta estrechura y apretamiento entre sí.

Ya eran muchos los años que se habían pasado en balde y bien se sabe que cuando se pasa cierta edad poco cambio puede acaecer y pocas sorpresas se pueden esperar. Que es como si solo quedaran los remates de lo que hasta ahora se fue tejiendo entre penas y contentos, esfuerzos y determinaciones, pero que ya no hay más de deshacer y tornar de nuevo a comenzar cosa distinta de lo que ya se tiene. Harta lástima sentía de verse así de ruin y de acabada.

Por eso, viéndose en soledad tan grande y con esperanza tan débil, fue dejando en la arena todas sus armas, una a una las abandonó, pues, ¿de qué podían defenderla ya? Ahora no quedaba más que rendirse del todo y no confiar ya en que sus pasos y diligencias habían de llevarla a parte alguna.

Así, cuando ya nada le quedaba, se derrumbó la mujer, mientras oía las voces del desierto:

—*«Mas después que la alta consideración trujo del profundo secreto y ayuntó toda mi miseria delante de mi corazón, levantose una tempestad tan grande y trujo conmigo una gran lluvia de lágrimas».*

Y comenzó a llorar ella también con grandísimo derramamiento de lágrimas. Sin querer moverse de allí, del lado de aquella imagen que le habían traído...

El llanto, como es agua, tiene también la propiedad de limpiar los yerros y de aclarar las confusiones que por dentro se nos hacen como enredos de una madeja. Y en medio de él, a veces hay alguien que se nos presenta y pronuncia nuestro nombre y es consuelo y apoyo en el dolor. O también puede acaecer como a la mujer del desierto, que de pronto se dio cuenta de que cabe ella había un pozo.

—*«¿Hasta cuándo? ¿Hasta cuándo? Mañana, mañana. ¿Por qué no agora, por qué no se acabará en esta hora el fin de mi torpedad?»* –preguntaba Agustín, ahora en su misma espera.

Pensó entonces que no era nada el levantarse y acercarse y mirar adentro, apoyada en el brocal, para ver si era engaño o si en verdad había agua que le devolviera la vida. Y eso fue lo que hizo, que llorando y todo se asomó y vio que alguien, desde lo profundo, la estaba mirando, como si hubiera estado esperándola mucho tiempo. Era un Hombre herido el que la miraba...Y también ella lo miró, pero en aquellos ojos, que eran como otros dos pozos dentro de aquel, se vio a sí misma tal y como era y tal como había sido... Y hartas verdades comprendió, que eran de espantar muy mucho.

Pero lo que pasó es digno de considerar. Porque si aquellos ojos por ventura la hubieran mirado con ira o con odio o como reprochándole que se había perdido o como pidiéndole cuentas de algo o como quien desprecia cosa tan baja y ruin o como mira un juez a un reo... Entonces no se sabe cómo hubiera acabado esta historia.

El caso es que cuando se vio ella tan metida en aquellos ojos y esos ojos compasivos y de harta hermosura tan metidos en los suyos y mirándola con tanta terneza... Cuando supo que aquel Hombre estaba herido de amor por ella, la mujer del desierto se enamoró por vez primera para siempre, siempre, siempre...

Conoció ella dónde estaba su casa y su aposento, y dónde su corazón antes tan partido, y dónde su alma antes tan derramada.

—*No temas* –le dijo una Voz.

Y comprendió Teresa aquella noche, delante de esa imagen de Cristo muy llagado, cuyos ojos se le antojaron como pozos hondísimos, que ya no tendría que andar sola más desiertos. Y lo mismo que hiciera la Magdalena o la mujer samaritana, ahí se determinó a entrar dentro, en las mismas entrañas del santo evangelio de nuestro Señor Jesucristo.

Esto no quiere decir en manera alguna que alcanzara la perfección en un ser, pues las cosas de Dios van muy a su paso y no al nuestro, que parece tener Él relojes muy distintos de los que acá se usan para hacer su obra en cada persona según sus planes y a su tiempo.

Y la mujer del desierto
al fin encontró el brocal
donde asomarse y ver
aquellos ojos que la miraban
desde siempre.

Intermedio

Ya a estas alturas de la vida de la madre Teresa de Jesús es cuando ella misma dijo eso de que empezaba un libro nuevo, una vida nueva, porque hasta aquí todo fue acaeciendo según el orden natural de las cosas, con los deseos propios de cada edad y sus miedos y sus ímpetus.

Con los tropiezos inevitables del camino y sus peligros y sus ocasiones y sus caídas y sus levantadas; las congojas que aprietan y los deleites que ensanchan.

Y las búsquedas y averiguaciones que las personas hacen de sí mismas y de los otros.

Y luego están los cariños y las afecciones del corazón, que son hartos.

Y todo lo que la vida va trayendo de por sí, que son enfermedades y disgustos y separaciones. Pero también encuentros y norabuenas, que tampoco faltan.

Todo pasó lentamente. Años largos son los de la mocedad cuando se están viviendo y el horizonte parece lejano... Así los vivió.

Pero después de esto, lo que acaeció fue Dios mismo llevando las riendas y disponiendo y ordenando y enderezando y siendo el trazador de todo. Que para eso ella le dio la voluntad y puso en Él ya toda su confianza.

Y empezó la vida a acelerarse...

Por eso decía que a partir de ahora era una vida nueva o un libro nuevo que ya no escribía ella sino nuestro Señor, que llegó a herirla en el corazón con el veneno mortal de amadores.

Capítulo 17

Trata de unas cuentas que por más que se sumen o se resten nunca salen, y es harta confusión para todos. Mientras, Dios, que tiene la solución, se va riendo

—¿Y qué pasó de la madeja encarnada? –preguntó la amiga.

—¡Calla! Gran ayuda está siendo menester para quitar el enredo –le dijo Teresa sin dejar de mirar la labor.

—¿Acaso vinieron los ángeles?

—No, que es la mano que abre camino en medio de las aguas la única que puede enderezar lo torcido y deshacer lo enredado.

Teresa sonrió y se quedó como boba mirando la madeja de seda roja, tan roja como la sangre, tan roja como la vida.

Es verdad que solo una mano fuerte y a la vez blanda y amorosa puede poner, poco a poco, orden en el alma y no como pretenden algunas personas muy concertadas en toda su conducta, que piensan que con sola su voluntad y esfuerzo se puede acabar con ello y alcanzar presto la santidad. Bien se conoce por estas y otras pretensiones la poca experiencia que tienen de los caminos por los que Dios nuestro Señor va conduciendo a las almas, que son caminos con muchos vericuetos y recodos, con peligros en los que se cae, y con matojos, arbustos, zarzas y espinos que hay en sus lindes, por los que Él se asoma y estudia el modo de alcanzar la victoria, ganando para sí a quien se encamina a su propia perdición.

Fue lo que le pasó a doña Teresa a los cuarenta de edad, cuando ya no esperaba nada de su persona sino la de seguir tirando los días con la fuerza de la costumbre, que desde aquel encuentro que tuvo en el que se atrevió a mirar a Aquel que la estaba ya mirando desde siempre y consintió hundirse en el agua de sus ojos, se le fueron cayendo las redes de la trampa en la que sentía estar metida y, ya se sabe, que no había de salir de una vez, que fue poco a poco, pero muy determinada a no tornar atrás y a no fiarse jamás de sí, sino de aquella mano que fue abriendo los cepos, rompiendo cadenas y cortando redes y enredos que se hacen en la vida mientras nos vamos engañando.

Ahora, que algo más le estaba pasando a Teresa, aunque no se sabía muy bien qué era, como aquel día que pensaba que alguien hubiera llevado algún perfume a su celda, acaso una de las sobrinas que vivían con ella.

—Que no, tía, que no tenemos perfumes ni flores ni ungüentos. Que aquí no huele a nada.

Entonces ella se callaba. Andaba por entonces con esa novedad de la que se deleitan las doncellas cuando algún galán pasa por la ventana y arroja una rosa a la amada de su corazón, y luego ella, cuando la ve y la huele, aunque no vea a nadie, sabe de sobra quién ha sido y qué le quiere decir, y se queda mirando la flor y oliendo su perfume sin traer memoria de otra cosa por mucho tiempo más que de la presencia de su enamorado.

Igual le latía a Teresa el corazón, como si estuviera en edad casadera, lo mismo que le acaecía a su hermana Juana hace unos años mientras se hacía el ajuar, que todo se le iba en suspiros y en ensoñaciones y no era ya menester contarle cuentos como cuando pequeña, porque estaba ya viviendo su propia historia.

Pero lo que sí era cierto es que algo le estaba pasando. Y si ella parecía ahora una moza que tiene amores, nuestro Señor le era un doncel que la iba siguiendo a todas partes, o bien la esperaba al final de una escalera o al doblar una esquina del claustro o ya estaba allí, cuando ella llegaba a la celda, y le parecía que la rodeaba de gloria.

La monja Ana Gómez, una muy su amiga, no dejaba de mirarla por el rabillo del ojo mientras Teresa seguía boba con la madeja encarnada, olvidando la labor.

—¿Qué es ello, Teresa? –le preguntó sin poder guardar por más tiempo la curiosidad.

Teresa la miró con sorpresa, sin decir palabra.

—No me irás a decir que nada pasa... –siguió diciendo Ana–. Algo hay, a mí no me vas a engañar. Que de un tiempo a esta parte no pareces la misma.

—Sí, es verdad. Ahora soy otra.

—Pero qué es ello, ¡por Dios bendito! ¿A qué vienen esos aires de ausencia como si no estuvieras aquí?

—Algo me pasa, pero ni yo misma me entiendo. Solo te digo que llevo más de veinte años en el monasterio y me parece que los más de ellos son perdidos. Tengo para mí que principio en esta edad a tener seguimiento de nuestro Señor...

—No digas eso, que en esta casa todas te queremos y respetamos muchos años ha como a persona de gran honestidad y virtud. ¿Qué más quieres hacer? ¿Más penitencias? Ya son demasiadas. ¿Obras de caridad? Testigos somos todas de tus atenciones y abnegación. Déjate de extremos, que no son buenos para la salud y menos para la tuya, que es quebradiza.

—Bien engañadas las tengo a todas por lo que me das a conocer... Pero no... No se trata de eso. Es algo más que todo lo que se puede obrar.

—Pues no te entiendo.

—Ni yo tampoco. Ya te lo digo. Pero sé que de lo que se trata es de amor. Sí, del más puro amor. Un amor que me ama más de lo que yo puedo entender ni entiendo...

—¿Amor? ¿Acaso antes no lo había?

—No lo sé. Por mi parte hubo algunas joyas que perdí por el camino. Muy mermado ha de ser el amor cuando echa a perder las joyas del Esposo, ¿no te parece? Por la suya..., nunca falta, es amigo verdadero y misericordioso.

Era verdad. No se entendía ni sabía decir qué le estaba acaeciendo. Por eso, después de mucho pensarlo, empezó a buscar consejo, no fuera a ser imaginación suya eso de sentir una presencia a deshora, porque mira que si iba errada...

—Pues como no se dé a entender, doña Teresa... Yo, la verdad, no sé qué decirle.

Esto le decía el caballero santo de don Francisco, un deudo suyo, muy dado a las cosas de piedad, que la quería harto. Y al verla tan desconsolada buscando consejo pensó él que a lo mejor don Gaspar Daza, que era un cura con mucha fama y parroquia y con mucha caridad con los pobres, le podía dar luz a esta su amiga.

Lo que pasa es que el cura era de esos que van siempre con prisas por tener muchas cosas que hacer y no son ellos para entretenerse con problemas de una monja, y menos si la monja empieza a decir que no sabe qué le pasa.

—Es como tener una fragancia en el hondón del alma... Como un calor que se siente, como si hubiera un brasero... –decía Teresa.

—Déjese de sentimientos. ¿Y las virtudes? ¿Cómo procede?

—Lo que más me cuesta son unos asimientos que no puedo acabar con ellos yo sola...

—Pues empiece por ahí vuestra merced y luego hablaremos de braseros y de olores, ¿no le parece?

Ella se quedó con más desconsuelo que antes, porque el cura a toda costa la quería ya santa y esas afecciones que tenía no eran cosas de santos, que no iba lo uno con lo otro.

Menos mal que un día encontró en un libro algo que la puso muy contenta:

> *«El ánima que por amor unitivo en la contemplación quieta está ocupada con su Dios, bien se dirá con verdad que no debe pensar nada, pues que en este pensar nada tiene cuanto hay que pensar... Su saber es tal que aquello que ella entiende no entiende cómo lo entiende...».*

—¡Esto es lo que me pasa a mí! –dijo ella toda contenta.

Y se fue con el libro a su amigo don Francisco y este lo estuvo mirando, porque la quería ayudar y consolar, y como le entraban muchas dudas se fue con el libro al cura y entre los dos lo leyeron y luego sacaron papel y pluma y se pusieron a hacer unas cuentas que no salían.

—Esta oración es de gente perfecta –decía uno.

—Sí. Y la conducta de doña Teresa no es precisamente de mucha perfección, pues con esos asimientos que dice tener... –decía el otro.

Además, añadían, que no tenía mucho porte de santa que digamos, porque miraba a los ojos y se reía y hablaba con ese descuido y tenía buen color en el rostro, como de quien no hace mucha penitencia, y además esos asimientos... Entonces volvían a sumar números.

—Pues no sale la cuenta...

—No, no sale.

—¡Aquí hay demonio encerrado! –acabó diciendo don Gaspar.

—Eso es lo que yo me temía –contestó don Francisco.

Y allá se fueron a decirle a doña Teresa el resultado de las cuentas que los dos habían hecho con mucho cuidado.

Ella sintió que estaba como metida en un río, sin saber dónde pisar porque por un lado o por otro se ahogaba. ¿Acaso, pensaba, no era la Magdalena una pecadora cuando nuestro Señor se acercó a ella y le hizo merced con su amistad?

En fin, que la vieron tan afligida que quisieron darle un remedio.

—Sería bueno que consultase vuestra merced con los padres de la Compañía, los del Colegio de San Gil, que llegaron el año pasado a Ávila. Son gente docta.

Y fue por eso por lo que Teresa empezó a tratar con gente tan santa como los jesuitas, que eran muy letrados todos, como a ella le gustaba. Y recordó lo que decía su padre don Alonso, que cuatro ojos ven más que dos y seis más que cuatro.

Capítulo 18

Habla de cómo lecturas y amistades se ayuntan en la misma persona de nuestro Señor, siendo Él libro vivo y amigo que no falta

—Pues hija, ni se cuentan los que lleva... –decía la monja chismosa.

—¿Quién, quién?

—Quién va a ser, doña *Confesión* de Ahumada, que parece ahora que los caballeros se tornaron confesores.

—¡Ah, ya! Deje, deje, que ya sabrá ella lo que hace.

—Si dejada está. Yo solo digo que es muy amiga de novedades, que toda la vida nos hemos confesado con los carmelitas y ahora viene ella a confesar con los últimos que llegan, esos jesuitas. ¿No me dirá vuestra merced que esos tienen *din*?

—Aunque parezca cosa extraña, hay por maravilla quien no tiene *din*, pero tiene *don*, como es el padre Francisco de Borja, duque de Gandía, que ya se sabe fue muy sonada en toda la cristiandad su conversión y su entrada en los padres de la Compañía.

—¿Y con el duque también se confiesa?

—Pues sí, eso me han dicho...

—Lo que digo yo, que ni se cuentan los que lleva.

Todo esto lo decían en La Encarnación, porque acaeció por aquellos días la venida del padre Borja a Ávila y el confesor de Teresa, que era Baltasar Álvarez, también jesuita, hizo el concierto para que se encontraran los dos.

Cuando ella lo tuvo delante se holgó mucho, porque su trato era de persona santa y de mucha experiencia. Le contó todo lo que pasaba por su alma desde hacía unos años y de unas palabras que había oído en su corazón y que le habían hecho mucho efecto, quitando un enredo grande que traía.

—Es espíritu de Dios –terminó diciendo él–. Déjese llevar y no se resista, que ya es tiempo que Otro la ciña y lleve adonde no quiere vuestra merced.

—¿Y a dónde ha de ser?

—No lo sé... Cuando uno se deja llevar por el Espíritu, puede hacer el Señor obras grandes. Pero siga mi consejo...

—¿Cuál?

—Vaya bien agarrada a la Humanidad de Jesucristo siempre, pase lo que pase. No lo deje. Es camino seguro.

La tranquilidad y el contento que el padre Francisco dejó en ella no había de durar para siempre, porque eran aquellos tiempos recios para los que estaban llamados a ir por camino de oración. Sí, porque se daban casos muy sonados de los luteranos, y cuando no hay mucha claridad todo acaba mezclándose y confundiéndose y dando que sospechar. Por eso los del Santo Oficio se pusieron serios y empezaron a medir palabras y a examinar milagros que luego no eran más que supercherías y malas artes.

Y estas eran las conversaciones en los corrillos del monasterio:

—Dicen que fue capellán de la corte mucho tiempo y que en Alemania se le pegó la mala doctrina –comentaba una monja.

—Ya se sabe, que lo malo se pega antes que lo bueno. Pero, entonces, ¿qué ha sido de él? –preguntaba otra.

—Pues resulta que cuando volvió a Castilla contagió a otros conocidos y familiares suyos. Y dicen que ya todo Valladolid sospechaba que en casa de los Cazalla había gato encerrado.

—¡Qué desatino más grande! ¿Y cuál ha sido la pena?

—El garrote. Eso me han contado unos deudos. Y también que hasta la madre ya muerta fue desenterrada y vuelta a quemar para escarmiento de muchos.

—¡Válgame Dios! Pues no ha sido menos lo de sor Magdalena de la Cruz, que todos la creían tan santa, tan santa. Y hasta la mismísima reina le mandó los pañales del infante para que los bendijera, y al cabo..., ya ve, todo patrañas y mentiras. Y no digamos de lo que se cuenta del señor arzobispo de Toledo... ¡Esa es otra! Ya no hay de quien fiarse en este mundo.

Esto y más iban hablando las monjas mientras echaban a la lumbre un libro tras otro, porque esta había sido la orden de don Fernando de Valdés, arzobispo de Sevilla e inquisidor general, que un día se puso muy enfadado, pues le parecía a él que no hacían más que salir gente desviada de la verdadera fe y hasta debajo de las piedras se las podían encontrar, que eran todos unos alumbrados y unos herejes.

—¡Esto se va a acabar presto! –había dicho el arzobispo dando un puñetazo en la mesa de manera muy absoluta.

Y entonces cogió pluma y papel y empezó a escribir:

Guía de pecadores, de fray Luis de León.
Audi filia, de Juan de Ávila.
Tercer abecedario, de Francisco de Osuna.
Las obras del cristiano, de Francisco de Borja.
Itinerario de la oración, de Francisco de Evia.
El tesoro de los ángeles, de autor anónimo.

Todos estos y muchos más, todos habían de ser quemados, y además las Biblias en lengua romance, que esa era otra; a ver a qué santo habían las gentes de leer la Biblia en romance, para enterarse de lo que no es menester, decían ellos, los inquisidores.

A Teresa, mirando ese fuego, le entraron mucho frío y temblores, como si en lugar de una hoguera fuera aquello un viento helador que se llevara a ninguna parte los libros que harto bien hicieran a su alma y pusiera en entredicho tantos nombres de gente docta y santa por el simple hecho de hablar de oración... Ya solo faltaba sospechar de Dios, pensó ella mientras se le caían las lágrimas.

Quemadas parecían todas las arcas del deseo, pero no. Un deseo imponente se levantó por dentro en contra de todos los fuegos.

—*No tengas pena. Yo te daré libro vivo* –le dijo entonces el Señor muy claramente.

—Sí, Vos sois desde ahora mi libro vivo y nuevo donde he de aprender todas las cosas, para siempre, siempre, siempre...

Capítulo 19

Habla de unas heridas que son muy disimuladas para quienes no saben de amores verdaderos. Y cuenta del infierno que cada persona tiene de por sí cuando no vive desde el más puro amor. Importa mucho todo esto que se dice

Pero siempre pasa que, por más hielos y carámbanos y vientos heladores que ellos sean en los tiempos recios que nos toquen vivir, se abre paso Dios como columna de fuego en medio de la fría noche que por ventura hemos de padecer. Porque poco le importa a Él que sospechen los del Santo Oficio y las confusiones que la razón humana pueda tener y la mezcolanza de doctrinas para seguir mostrando a quien Él quiere su soberanía y su misericordia, que en nada se sujeta a nuestras medidas.

Eso fue lo que acaeció con Teresa, que por muy malos tiempos que corrieran, por más libros que se quemasen y por más obispos que condenasen y más gente que fuera errada, la rondaba Dios cada vez más cerca como un enamorado. Y se dejaba ver y se dejaba oír en lo muy interior del alma sin importarle a Él no ser propicio el momento. Y si los confesores apretaban y prohibían, Él con más terneza la trataba, si cabe.

—Es como una herida de amor... Como si con un dardo atravesara las entrañas y las llevara consigo... –decía ella al confesor.

—¿Y me puede explicar vuestra merced cómo son las heridas de amor ya que tan entendida es en ello? –preguntaba el confesor, notándose bien que no se creía nada.

—Es herida porque da pena, pero es de amor porque es sabrosa y no se quiere que se quite...

—¿Pena y sabrosa? Cosa imposible me parece juntar dos contrarios, que ha de saber es ley de naturaleza.

—Pues yo le digo que es así...

—Cuídese de esas visiones y de esas heridas, que con menos que eso han sido condenados otros. Pero ya veo que no escarmienta...

Y así se quedaba ella, desconsolada y triste por no encontrar quien la entendiera.

—¡Ay, Señor, esposo mío! –se lamentaba luego a solas–, ¿no sois acaso Vos el que hacéis este nudo tan fuerte con cosa tan desigual? ¿Es que todo esto que siento de pena y gloria va a ser nada más que un engaño? ¿Acaso no es también ley que, en las cosas del amor, pena y alegría vayan siempre de la mano? ¿Por qué entonces mi confesor y otros que bien me quieren son todos contra mí y me piden tenga cuidado y no haga caso de quien me está dando la vida?

Y era como si le fueran clavando espadas, una tras otra. Porque luego eran todos a decir:

—Pudiera ser un engaño, ilusión, espejismo... –decía uno.

—Trampantojos, ardides del demonio, que se lo digo yo –apuntaba otro.

—O ganas de que hablen de ella... –sugería un tercero.

—Sí, que la tengan por santa. Eso es –afirmaba el primero.

—¡Alumbrismo...! Malo, malo.

—No son tiempos para visiones y hablas...

—Esto ya huele a chamusquina.

—¡Demonio! No hay más que hablar –concluyó la mayoría.

Todo esto había de oír ella cuando contaba aquello que le estaba pasando. ¿Pero cómo iba a ser engaño, cómo falsedad un amor que la transformaba y le daba la vida?

Paz y bien necesitaba su alma. Paz y bien solo un hijo del Pobrecillo de Asís podía traer en este momento. Por eso mismo mandó Dios a fray Pedro, para que harto se consolase ella de tanta contradicción insufridera.

Resulta que se allegó a Ávila el fraile por arreglos de una nueva fundación en Aldea del Palo, tierras que eran de doña Guiomar, una viuda devota y rica que se había hecho muy amiga de Teresa y que ahora andaba enmendando con fundaciones una juventud algo cascabelera de la que ya no había ni sombra. Y tanto se querían las dos, que era como amor de hermanas. Fue por ello que esta amiga le proporcionó a Teresa, con harta satisfacción suya, la entrevista con el franciscano, que era un santo el hombre.

Cuando ella lo tuvo delante de sus ojos tan enjuto y flaco, que se echaba de ver era vida muy penitente la suya, le pareció un hombre hecho de raíces de árboles por notársele todas las venas y los huesos y también porque era alma fuertemente enraizada la suya, que imposible parecería poder arrancarlo ya de esa tierra que está cabe la fuente divina sin que los vientos ni el sol ni ningún elemento pudiera dañarlo.

Con ninguna doblez ni encubierta le abrió Teresa su alma, como un libro abierto.

—Le veo algunas veces y tengo plena certeza de que es nuestro Señor, pero no es con estos ojos corporales... Y siento también que me habla, y sus palabras se me clavan en tal manera que no se borran de mi memoria..., pero no es con estos oídos, no como se oye a otra persona... ¡Ay, padre, no sé cómo darme a entender! Y así mis confesores no me creen, dicen que es demonio, que lo rehúya, que no haga oración, que me estoy engañando... Pero yo no puedo dejar de creer que es Él a quien veo sin ver y a quien oigo sin oír...

Fray Pedro, que al principio tenía los ojos bajos, los fue levantando poco a poco y se sonreía y decía que sí con la cabeza mientras Teresa seguía hablando, contando todo lo que le pasaba: sus miedos, su aflicción por no ser creída, sus dudas, su amor. Y de una hermosura que excede a todas las hermosuras de este mundo...

—Estese cierta, mi hija, que todo lo que le pasa es espíritu de Dios. Esas visiones que me cuenta son las llamadas intelectuales. Tenga ánimo para sufrir las contradicciones porque, por lo que veo, harto le queda... –empezó diciendo el fraile.

Y siguieron hablando aquel día y al otro y también al siguiente, hasta que ya quedó bien concertado el negocio de la nueva fundación en Aldea del Palo y fray Pedro se marchó de Ávila contento de haber cumplido la doble misión por la que la Providencia le llevó hasta allí, que él no lo sabía cuando llegó, pero lo más que importaba era el llevar consuelo y comprender por propia experiencia a un alma de Dios: su nueva amiga, la enamorada de Jesucristo, Señor nuestro.

Teresa se holgó mucho con esta visita y sabía que no se le iba a olvidar ninguna de las palabras que él le había dicho. Entendió que fray Pedro tiempo ha que pasó por donde ella misma estaba ahora y la podía comprender no por los libros de teología, sino desde el fondo del alma.

—¿Y este fraile qué tiene, *din* o *don?* –preguntó la monja quisquillosa.

—Pues ninguna de las dos cosas... Lo que tiene es *san* –contestó la otra.

Pero qué razón tenía el bueno de fray Pedro cuando dijo que harto le quedaba aún por pasar. Porque cuando alguien se deja enteramente en las manos de Dios y ya solo se fía de Él y nada de sí, no se sabe nunca qué puede acaecer ni qué paso será el siguiente, eso ya se lo había dicho también el padre Borja. Y que no todo va a ser miel sobre hojuelas, ¡donosa cosa sería ese seguimiento!

A veces el Señor, por quien es Él, da a gustar de muchos consuelos, pareciendo que las almas que van por este camino solo gozan de deleites y todo les es fácil y llano, y será por ventura que las embriaga con amor divino para que puedan pasar ellas por barrancos y asperezas y por mucha altura de dificultades. Pero otras veces, ni lo uno ni lo otro, que aunque no dejan de ser grandes mercedes, como lo es todo lo que viene del Señor, son tragos amargos los que se pasan y se sienten muy a lo vivo.

Sería esta la razón por la que un día Teresa, sin saber cómo, se vio a sí misma metida en un lugar horrendo y espantoso, que no se puede encarecer, con harta estrechura y en el que todo es aflicción y congoja de pensar que no se puede salir de allí jamás. Sucio, angosto, oscuro, bajo, pestilencial, tormentoso, en el que se siente ahogo y despedazamiento de sí, con hartos dolores... Y luego, lo mismo que entró salió, después de no se sabe cuánto tiempo. Sin saber cómo.

Pero no salió de igual manera, porque después que se pasa por sitio semejante a ver quién sale como si nada, que luego todo parece ancho y precioso como nunca se ha visto. Y se entiende entonces que solo cuando se vive desde el amor más puro se puede tomar huelgo sin que nada apriete ni seque ni ensucie la vida.

Eso mismo le hubiera pasado a la mujer del desierto si hubiera errado sus pasos para siempre, siempre, siempre..., que no hallara el agua viva que la limpiase ni le quitase la sed de este mundo, ensanchándola para que cupiese Dios en ella según quería Él entrar. Y luego, ¿qué? ¿Siguió siendo la misma? Pues no, que bien le cambió aquello y salió corriendo a contar y cantar las maravillas que hace Aquel que la miró. Que fue por eso por lo que Teresa un día cogió la pluma y empezó a escribir unas coplillas, como hacen todos los que se enamoran:

¡Oh, hermosura que excedéis
a todas las hermosuras,
sin herir dolor hacéis
y sin dolor deshacéis
el amor de las criaturas...!

Capítulo 20

Habla de la determinada determinación que tiene un alma que ha sido herida por nuestro Señor para cumplir en todo su santa voluntad

Fuese por aquella visión de harta estrechura que padeció sobremanera o tal vez por esas urgencias extrañas que por dentro tiraban de ella, o por esos amores que ahora se traía con nuestro Señor... O fuese por todas estas razones juntas, quién sabe, el caso es que Teresa empezó a buscar lo más ancho de la perfección y a pensar en algo nuevo, y que otras pensaran con ella qué sería comenzar otra manera de vivir distinta de la que allí llevaban.

En secreto se fueron hablando tales cosas, mientras soñaban despiertas. Con secreto también se movieron algunos palillos y se tantearon posibilidades, hasta hacer crecer un deseo grande, ardiente, imparable que fue rompiendo barreras, abriéndose paso en medio de las incomprensiones, de las negativas, saltando todos los impedimentos.

Pero ahora había de irse a Toledo. Allí la mandaba la obediencia a consolar a una viuda... Harto le costaba ir, pero pensó que era lo mejor, pues así, con doña Guiomar en Toro y ella lejos de Ávila, no se levantarían sospechas de la nueva casa que se estaba haciendo. Su hermana Juana y su cuñado vigilarían las obras.

Cerró los ojos y fue cuando se le vino a la memoria la conversación que tuviera el día anterior con su amiga, allí en el rincón más escondido y solitario de la huerta.

—¿Qué locura vas a hacer? ¿Es que no temes a nada ni a nadie? –le había dicho Ana Gómez al enterarse de que no había permiso del provincial para hacer tal cosa.

—El obispo nos apoya. Además, ¿sabes lo que más temo? Quedarme aquí, al hilo de la gente, por miedo a aventurar la vida. Y luego, ¿qué? El mismo Señor me reprocharía haber gastado así los años que me dio. Bastantes llevo perdidos. ¡Ay, Ana!, yo solo quiero un rincón para orar..., que no pido tanto.

—¿Y no te basta este monasterio?

—¡No, no basta! –le había dicho muy determinada–. Lo sabes de sobra. Ha de ser un rincón nuevo y libre. A vino nuevo, odres nuevos. Aquí hay mil mundos metidos, mil distracciones. Parece que no estamos a otra cosa que a contentar a los señores de este mundo. No me veo consoladora de viudas el resto de mi vida...

—Esa obsesión va a acabar contigo, Teresa.

—No es obsesión.

—¿Qué es si no?

—Es una herida.

Sí, de eso se trataba, de una herida que ya no la dejaba sosegar.

Muy pequeño era el terreno que se tenía, pero había huerta y eso importaba mucho...

Entrarían como se pudiera. Ya arreglaría el Señor lo que faltare.

—¡Ay, Dios mío, y que por vuestro amor esté yo metida en estos trajines! –suspiró.

Y menos mal que llegaron dineros de las Indias, que bien le daba de pensar el que su hermano Lorenzo se hubiera acordado de ella en esta necesidad, que no era sino el Señor que quería llevar a cabo lo que con tantos trabajos se principiaba. ¡Bendito sea!

Todos estos pensamientos la acompañaron hasta llegar a Toledo.

Doña Luisa de la Cerda, la señora que la acogió en su palacio para que fuera consuelo en su reciente viudez, cuando por fin vio a la monja de la que tantas buenas le habían dicho quedó prendada del rostro afable y risueño que tenía delante. Cuando conoció su conversación tan deleitosa y suave le cobró gran amor, pues no era esta monja tanto para ser admirada cuanto para ser querida.

Una nueva ilusión entró en aquel palacio en que reinaba hasta entonces la tristeza del luto. Y entre los hijos y las doncellas y toda la servidumbre de la casa también tuvo algo que decir la monja venida de Ávila, que daba gusto oírla hablar con tal llaneza y desenfado y verle la mirada amable, tan luminosa.

—¿Le gusta a vuestra merced la casa? –le preguntó un día María Salazar, una de las doncellas.

—Demasiada barahúnda para una pobre monja –respondió–. Y a ella, ¿le gustaría ser un día señora?

—¡Ay! ¿Y a quién no? –dijo la moza.

Y le empezó a contar a Teresa, porque sentía que se le podía hablar de todo, los sueños que tenía de verse vestida un día con mucho oro y vivir en una hermosa casa como aquella y estar muy regalada.

Teresa la miraba y traía a la memoria sus quince años, aquellos deseos y fantasías de su juventud.

—Pero no sé si un gran señor pedirá mi mano... –acabó diciendo María.

—Pierda cuidado, hija, que no faltará un roto para este descosido...

A la muchacha le cayó en gracia la broma y se rió de buena gana.

—Vuestra merced es distinta.

—¿Por qué lo dice? –preguntó Teresa.

—Porque se ríe y es muy alegre. Otras monjas y la misma beata que ha venido de Granada no se ríen, bien serias que van siempre.

—¡Calle! Eso es porque ellas son santas y yo... ¡Yo soy la misma tentación!

—¿Y para ser santa es menester no reírse?

—Eso dicen...

—Pues preferible es no ser tan santa entonces, ¿no lo cree así vuestra merced?

Y Teresa le decía que sí, pero luego aprovechaba la coyuntura que se le ofrecía y comenzaba a hablar a la doncella de otras galas y de otros oros que llevamos en el alma y que no hay cosa más preciosa ni arreos más valiosos que hermoseen tanto a la persona... María se quedaba escuchando como embobada.

Así se pasaban los días en la casa de doña Luisa, con mucha holgura, aunque sin dejar un punto sus obligaciones de monja, y aprovechando todos los tantos para engolosinar a los que trataban con ella y procurar de todos los modos que se aficionaran a la oración. Claro, que por otra parte estaba en vilo pensando siempre en cómo seguirían en Ávila con las obras de la casa. Y pasado un tiempo en que ya se echaba de notar la gran mejoría de la señora viuda, que ya no parecía la misma de cuando ella llegara, se preguntaba Teresa que qué hacía ella allí.

Pasó que una mañana, en lugar de ir a misa a los jesuitas que estaban asentados provisionalmente en el seminario, se fue a la iglesia de San Pedro, a los dominicos. Y al entrar lo vio; cuando se miraron en la distancia se reconocieron los dos al momento.

—Hasta de lejos conocería yo a esa mujer –pensó fray García.

Teresa se alegró mucho de encontrar allí a tan buen amigo y en ese momento un sentimiento de gran amor hacia él la llevó a desear lo que ya únicamente cabía cuando amaba a alguien tan de veras, que su alma fuera toda del Señor.

—Mirad –le dijo ella a Cristo–, que es buen amigo nuestro.

Después de la misa no pudo contener, por más que lo intentó, los ímpetus de ir a hablarle y de saber de él y de contarle ella sus cosas. Fray García, cuando la tuvo cerca, experimentó que aquella mujer estaba tan llena de vida que se contagiaba, y quiso saberlo todo.

—No sabía que se encontraba en Toledo... –empezó a decir ella.

—Estoy de paso, la obediencia me retiene aquí por un tiempo. Lo extraño es encontrar aquí a vuestra merced.

—También me trajo la obediencia. A consolar a una dama muy principal que se quedó viuda...

—¿Y qué es de su vida?

—Muchos trabajos hay en ella.

—Espero que me los cuente todos...

—Ha de saber que tengo confesor en los jesuitas: el padre Domenech.

—¿Y qué tiene que ver ello para contar los trabajos a un viejo amigo? ¿O no me tiene por tal?

—Cierto que sí...

—Entonces...

A Teresa le empezó a gustar ese juego de poner resistencia y ver cómo la importunaba harto fray García para que le contase. Y ella que no, y el otro que ya se enteraría él por otros medios... Hasta que Teresa cedió pasó un buen rato, y luego, ya sí, le empezó a contar todo, abriéndole el alma de par en par.

—Me ha cambiado tanto el Señor desde que tengo esta manera de oración que cuando veo alguna persona que sabe algo de mí, le querría dar a entender mi vida, porque me parece ser honra mía que nuestro Señor sea alabado, y ninguna cosa se me da por lo demás... –comenzó a decirle.

Y así fue enterado el fraile de esos ímpetus grandes que a ella le daban, con un deshacimiento por Dios que parecía se le acababa la vida. Y de esos deseos de servir y de amar y de que los otros fueran aprovechados también en este camino.

—Le digo que de no ser mujer haría cosas muy señaladas en lo que mis fuerzas pudieren. Pero atada estoy a este cuerpo y a esta condición, que ni orar nos dejan y toda virtud de mujer tienen por sospechosa... ¡Acorraladas nos tienen! –se quejó ella.

El fraile la escuchó atento aquel día y también otros muchos que fue ella por allí y le siguió hablando de sus determinaciones y de sus penas; de sus congojas y de las persecuciones sufridas; y también de la paz y la certidumbre en que la ponía el Señor cuando le hablaba; y de esa experiencia de tenerle casi siempre consigo; también de una pena sabrosa que no sabía ella cómo encarecer...

Aquella vida no era como otras que se terminaban pronto de contar, pensaba el dominico. Aquella parecía no tener fin, parecía eterna por estar llena de otra vida. Todo en ella era de gran interés y lo mejor era que cuando se quedaba solo, después de haberse ido la monja, notaba cómo se iba contagiando de esos deseos y de esa experiencia que Teresa le contaba.

Y ya un día, cuando le terminó de contar la estrechura de todo lo que no era Dios, y que por eso se había determinado a buscar siempre la perfección de lo más ancho, fue cuando le habló de la nueva fundación que se estaba haciendo en Ávila con mucho secreto.

—¿Y dice vuestra merced que no tiene el permiso del provincial?

—No. Hemos vuelto a mandar a Roma la patente para estar bajo la obediencia del obispo. De todas formas, la fundación será a nombre de doña Guiomar de Ulloa, una gran amiga, y de su madre doña Aldonza. Y las que empiecen serán cuatro doncellas que ya se han comprometido.

—Ya entiendo. Vuestra merced no aparece de manera formal, pero al cabo es la trazadora de todo.

Teresa le habló de que aparte de su confesor la apoyaban también fray Luis Beltrán, Francisco de Borja, fray Pedro de Alcántara, y que muchos ánimos había recibido de todos ellos.

—Veo que se codea con la flor y nata de la sociedad y también de las Religiones –observó fray García celebrando la astucia de la monja–. Hace bien, porque falta le harán esos nombres algún día.

Asombrado estaba el dominico de todo lo que bullía en el corazón de Teresa y algo le decía que aquella mujer andaba en verdad y en espíritu de Dios, pues el cambio que se estaba operando en él desde que la trataba era la señal cierta. Ella le había dicho que haría cosas muy señaladas en el servicio de Dios si varón fuera, y él había notado cómo al decirlo se le había quebrado la voz. Habría que buscar algún remedio para encauzar este torrente, pensó.

—Me pide consejo y ayuda –le dijo el fraile otra mañana–, pero, ¿estaría dispuesta a obedecer en algo que le mande?

—Poco me conoce si lo duda –contestó Teresa.

—Quiero que escriba su vida.

Ella se quedó callada un momento.

—¿Se refiere a otra cuenta de conciencia?

—Me refiero a toda su vida.

—¿Mis pecados? ¿Las mercedes que me ha hecho el Señor?

—Toda-su-vida –insistió él remarcando mucho las palabras.

Teresa le miró. Parecía que aquel hombre le quería sacar hasta las entrañas y ella se estremeció.

—¿Podría hablar de oración? La oración es la que me ha cambiado...

—Sí. Lo quiero todo.

Entonces ya no preguntó más. Había llegado la hora. Sí, la hora de cumplir una promesa que se hiciera a sí misma mucho tiempo ha, la de contar todo el paisaje que estaba viendo desde aquella altura, la atalaya en que el Señor la había subido. Aquel mismo día procuró pluma y tinta, y frente al papel en blanco que tenía en la mesa sintió como si le crecieran alas. Iba a escribir un libro. Iba a escribir su alma y a cantar las misericordias del Señor.

Desde aquel momento se fueron acostumbrando en el palacio a ver la imagen de la monja con la pluma en la mano. Y cuando le preguntaban, ella decía que era la obediencia la que le mandaba hacer aquello.

—¡Pues qué bien obedece vuestra merced! –le decían al verla escribir tan contenta.

El tiempo entonces empezó a correr más rápido que antes y fue llegando el verano con sus calores, hasta que un buen día le llegó una carta del padre provincial diciéndole que podía volverse ya al monasterio. Y allá se fue, a Ávila, donde la esperaba una nueva casa, una nueva vida y un sinfín de contradicciones.

Capítulo 21

Dice de la semejanza del alma con un huertecillo al que es menester regar para que salgan las flores y los frutos. Importa mucho tener puesta la mirada en el dueño de dicho huerto

Parece mentira cómo se pasa todo y cuántas cosas pueden caber en tan poco tiempo, pensó Teresa. Y que ahora se encontrara gozando de esta paz en este rinconcito de San José... ¡Ay, cuánto le debía al santo de fray Pedro, que en gloria esté! Si no hubiera sido por el empeño que se tomó en este negocio... Bien malo que se fue el pobre, montado en aquel borrico, hasta la finca donde estaba el señor obispo, que era tan contrario a la fundación, y cómo logró convencerle solo Dios lo sabe...

Atrás quedó todo el revuelo de la gente, que fue cosa de espantar el efecto que hizo que cuatro mujercillas principiaran vida de más perfección. ¡Válgame Dios! Qué de disparates se dijeron y qué empecinamiento y cuánto alboroto por parte de muchos, que no se puede encarecer. Pero al cabo todo pasó, también aquello de los regidores y del cabildo de la ciudad, que no tuvieron contento hasta llegar a la corte y seguir con el pleito dichoso. ¡Allá se las den todas!

Ahora se reía ella de tanta batalla como se hubo de padecer, de los miedos, las contiendas y las muchas murmuraciones sufridas. Bien se veía en la distancia cómo el Señor proveyó todo para el cumplimiento de su voluntad.

Y luego fueron los negocios de la casa, aquel problema de las aguas, que había que ver con qué gusto se alegraba el demonio, el muy necio, pensando que todo sería cesado. Pero no, todo salió bien. Desde que se determinó a poner su vida en las manos del Señor todo salía bien porque era Él quien lo llevaba. Él, la mano que iba trazando el camino...

Ensimismada se quedó con estos pensamientos mientras miraba el agua del caldero que acababa de subir y ahora reposaba en el brocal del pozo.

—¿Tiene algo, madre? –preguntó la novicia al verla tan embebida.

Teresa de Jesús volvió en sí.

—Me acordaba de la mujer que se encontró en un pozo con nuestro Señor... ¡cómo cambió su vida!

—¿La samaritana?

—¿Sabe, hija? Era una mujer como nosotras... Ni mejor ni peor. Solo una mujer.

—Pero se casó cinco veces... –dijo tímidamente la muchacha.

—¿Y qué nos va en ello? No fue eso impedimento para encontrarse con Cristo. Por eso no hemos de asustarnos de los pecados ajenos ni de los propios, porque grande es su misericordia... Sí, que siempre está Él esperándonos junto al brocal del pozo. Así que, mi hija, estese avisada, que un día de estos se lo encontrará ella –le dijo sonriendo mientras echaba el agua en otro caldero.

Y allí se iban las dos, a regar bien el avellano que acababan de plantar.

Era un huertecillo que daba gloria verlo. Aquella mañana la madre Teresa le había dicho a la novicia que la acompañara a regar y a arreglar las plantas, porque la veía un tantico asustadiza y encogidilla, y lo que mejor le venía era un poco de aire y la recreación que dan las flores.

—Ahora vamos a podar los rosales.

La novicia la siguió, contenta ella de acompañar a la priora en estos menesteres, aguardando el momento para una pregunta que le quería hacer y que no sabía cuándo, porque era muy vergonzosa, pero tal vez ahora que estaban a solas...

—Mire, se corta siempre por encima de la hoja, para que vuelva a brotar. Así... –dijo Teresa al tiempo que cortaba una rama.

Y la otra asentía y miraba todo y escuchaba todo con miedo de que algo se le fuera a escapar. Pero después de un rato en el que la madre le seguía diciendo que había que cortar los tallos hacia dentro y también los que cruzaban, para que la planta tuviera más aire y más luz cuando llegara el verano. Después de ir cortando las partes más secas, lo que se le escapó a la novicia fue aquella pregunta:

—Madre... –dijo mientras el corazón le latía con fuerza porque le daba vergüenza.

—¿Qué?

—¿Es verdad lo que dicen, que ha visto muchas veces a nuestro Señor?

En ese momento Teresa se pinchó con una espina.

—¡Ay, ya me pinché! ¡Bendito sea Dios!

—¿Quiere, madre, que vaya en busca de un remedio?

—¡Anda, boba! –dijo la priora riendo–. Que no ha de llegar la sangre al río... ¡Hala! Vamos a recoger esto y luego seguimos por el otro lado, junto al muro.

Y allá se fueron las dos por la veredita de los rosales. Teresa iba delante hablando de que el alma es igual que un huertecillo que hay que cuidar y estar siempre sobre él para que salgan las flores y los frutos a su tiempo, y que el agua es la gracia, que a los principios es a mucho trabajo nuestro.

—Es como regarla a base de calderos, igual que estamos haciendo ahora –decía ella.

La novicia asentía con la cabeza y pensaba que ya se había olvidado la madre de la pregunta que le había hecho, y que fue tonta porque era como si se la hubiera dejado caer de mala manera y así se quedaría sin respuesta. Y a ver quién volvía a preguntar otra vez con la vergüenza que le daba...

—Cuando el alma está más fortalecida es como regarla a menos trabajo, como se riega con una noria –siguió diciendo la priora.

Y entonces se acordó ella de la noria que había en la casa de su padre y el deleite que era escuchar el batir de las aguas... Y también se acordó de Miguel, que atendía por el Repulgo, un criado que tenían y que le enseñó a ella tantas cosas de la huerta.

¡Cómo pasa el tiempo!, pensó Teresa, ensimismada en estos recuerdos.

—Y no digamos si hubiera un río –dijo entonces tornándose de nuevo a la novicia–. Sería mucho menos esfuerzo. Las virtudes ya son fuertes en el alma, que ya han echado bien sus raíces... Aunque, ¿sabe qué le digo, hija? Que la mejor agua es la que cae del cielo... ¡esa sí que riega bien y es la que más aprovecha a la tierra!

—Entonces no hay que hacer nada.

—Cierto. Pero no siempre está lloviendo y cuando no tenemos el agua de lluvia no hemos de dejar de procurar las otras con todas las industrias posibles. Que aquí lo que importa es que las plantas no se sequen... Ni se sequen las virtudes en los días que parece que Dios no está ni se rebulle.

—Claro... –decía la muchacha mientras seguía quitando las hojas secas de un arbusto.

Y después le estuvo enseñando de unas hierbecillas que había por allí plantadas y de las que había mucha variedad: que si el tomillo valía para esto, que si la alhucema para lo otro...

—Esta zarzaparrilla es muy buena para el dolor de madre, aunque yo no la he podido nunca soportar.

Es que le decía Teresa a la novicia que aprendiera bien las propiedades de las hierbas para luego hacer remedios cuando las hermanas estuvieran enfermas, que era cosa buena hacer de enfermera y saber dar alivio a las que lo necesitaban y tener piedad de ellas.

La otra seguía asintiendo y procurando retener bien en la memoria todo lo que escuchaba y todo lo que veía.

Luego fue cuando la priora dijo que ya se iban a ir, que ya estaba bien por hoy. Y parecía que se iban porque se sacudieron las manos y los mandiles de las hojas y de la tierra, pero resulta que cuando pasaban por delante de una ermita la madre Teresa se paró.

—Venga aquí conmigo –dijo.

Y entraron en la ermita de San Pedro, donde había dos cuadros que se habían mandado pintar hacía poco, el uno de las lágrimas del apóstol y el otro de un Cristo a la columna, que espantado estuvo el pintor que lo hizo de los detalles que quería la madre, porque no se conformaba ella con cualquier cosa. No, señor. Y allí la había tenido harta veces importunándolo para ver cómo iba quedando el cuadro y queriendo enmendar esto y lo otro.

—No, así no. La herida del brazo ha de ser más arriba –le decía ella.

Y ese fue el negocio que tuvieron los dos muchos días, hasta que el Cristo quedó acabado y reconoció el pintor que cierto era que nunca había pintado imagen que moviera más a devoción como esta, porque él solo parecía haber puesto el pincel y la monja lo hubiera trazado todo.

—¿Qué es lo que ve, hija? –preguntó Teresa a la novicia cuando estuvieron delante del Cristo.

—A nuestro Señor... –respondió en voz baja.

—¡Ah! ¿Entonces ve ella también a nuestro Señor?

—Pero no, madre. Lo que veo es su imagen.

—¡Ya! –dijo la priora sonriendo–. Y, ¿qué es lo que ve en la imagen?

—Lo mucho que padeció por nosotros.

—Bien, ¿y qué más?

La novicia se empezó a aturrullar porque la priora quería sacarle algo y ella no sabía qué.

—Pues veo... muchas llagas y mucha sangre...

—¿Y el rostro?

—Sí. El rostro lo tiene muy hermoso.

—¿Y los ojos?

—También. Muy lindos los ojos.

—¿Y qué más?

—Pues no sé, madre, qué más decirle de ello.

Teresa acabó sentándose en el banco que allí había y suspiró.

—¿Sabe qué le digo? Que podemos ver mucho sin ver lo principal... Y esto es: que Él la mira a ella con tanto amor que hasta olvida sus penas. Mírelo, pues, hija. Mire que la mira... Que le aseguro yo que esto y no más es lo que hay que ver. Mirarlo, sí, pero sabiendo que Él la está mirando siempre, aunque ella no se dé cuenta. No les pido yo más a mis hijas que esto: los ojos fijos en Él, mire que la mira, que así le cambiará la vida.

Allí la dejó, en la ermita. Había querido que la huerta estuviera llena de ellas, que no faltasen sitios a los que retirarse para estarse a solas con el Solo, porque era cosa de mucha importancia para poder experimentar a Dios y Teresa eso deseaba, que este rinconcito nuevo fuera lugar donde verdaderamente se experimentase a Dios.

—Mirad que Jesucristo anda entre nosotras –les avisaba a sus monjas.

Y había quien hacía siempre un sitio mientras andaba por los tránsitos, que bien estrechos eran, como si fueran dos siempre juntos.

—Y así es en verdad –insistía la madre Teresa.

Capítulo 22

Cuenta de las penas que el alma tiene cuando ve la división en la Iglesia y cuánto es ofendido por ello nuestro Señor. Se recomienda muy mucho ser amigos fuertes de Jesucristo

Acaeció otro día que el señor obispo visitó a la madre Teresa con un motivo muy especial. Pues se ha de notar que don Álvaro de Mendoza, que al principio tanto se resistió a acoger bajo su obediencia al nuevo conventillo, ahora era muy devoto él de las descalzas y no dejaba pasar mucho tiempo sin ir a verlas y a hablar con la priora, pero esta vez llegó con unos papeles debajo del brazo y con rostro serio.

Teresa lo vio arrellanarse en la silla de enea y luego fue cuando carraspeó antes de principiar la lectura. Se trataba de un despacho real:

> «... *Bien sabéis el trabajo y la angustia en que se hallan las cosas de nuestra religión cristiana y los que se han desviado de ella en Alemania y otras partes, y habéis oído cómo el daño ha comenzado a entrar en el reino de Francia; y aunque, a Dios gracias, lo más sano es lo de España, todavía por ser lo de la religión a lo que más obligación tenemos y tienen todos los príncipes y fieles cristianos, y con lo que más esto se conserva y Dios nuestro Señor es más aplacado para alzar la mano de su ira*

y el rigor de su divina justicia es la oración, y el verdadero y último recurso de todos los trabajos de la Iglesia católica, os rogamos y encargamos mucho proveáis que en esta santa Iglesia y en las colegiales y los monasterios que fueren sujetos a vosotros y en las otras iglesias parroquiales de esta diócesis donde hubiere disposición, se tenga especial cuidado de hacer oraciones y plegarias, rogando a Dios nuestro Señor por la unión de la dicha religión en la obediencia de la santa sede apostólica e Iglesia romana. Y que a los buenos y católicos conserve, y los flacos esfuerce, y a los que se hubieren desviado de ella en cualquier manera los restituya por su infinita piedad al verdadero conocimiento y gremio de la dicha santa Iglesia romana. Y que esto se haga con la mayor continuación, frecuencia y devoción que fuere posible, y que dentro de la dicha santa Iglesia se hagan procesiones, pues todo vendrá ahora en buena coyuntura con la indulgencia que Su Santidad ha enviado para el mismo efecto, que en ello, demás de hacer lo que sois obligado, a mí me haréis muy particular placer y servicio y me haréis singular contentamiento.

Yo, el Rey»[1].

—¡Dios mío, y que ya llegue a Francia esta desventurada secta! –comentó la madre Teresa cuando el obispo terminó de leer.

—Así es. Este es un negocio de mucha importancia para la Iglesia... No hay duda de que corren tiempos muy recios. Los tenemos a las puertas –terminó diciendo don Álvaro con aire preocupado.

[1] Cf J. I. Tellechea Idígoras, *Plegarias por la unión de la religión cristiana. Un sorprendente despacho de Felipe II (1560),* Diálogo Ecuménico 20 (1985) 137-164.

—Dígame, ¿son muchos los daños?

—Hartos y graves. Van creciendo aquellos que se apartan de la sana doctrina... Cuentan que se destruyen iglesias, se profanan altares y las reliquias de los santos y las imágenes sagradas...

—¡Qué desacato! –murmuró ella dolida–. ¿Qué mal puede haber en ello? En todo cabo querría yo ver la imagen de nuestro Señor para tener memoria de Él.

Don Álvaro siguió hablando del asunto y decía que lo peor era lo de los sacramentos, que también los rechazaban y que ofendían al Santísimo Sacramento y que interpretaban ellos a su manera la Sagrada Escritura... Y así se estuvo contando un buen rato.

—Se me hiela la sangre con pensar en tan gravísimos males –dijo Teresa quebrándosele la voz cuando ya parecía que no había más que oír.

—Sí, es para afligirse harto. Pero no tenemos tiempo que perder. Ya ha oído la orden de Su Majestad. No dejen de suplicar con sus oraciones a nuestro Señor por la unión de esta Iglesia que se está rompiendo. Este es ahora el principal negocio.

Cuando el señor obispo salió del locutorio a la madre Teresa de Jesús se le saltaron las lágrimas por todo lo que habían hablado aquella tarde. Con mucha aflicción se retiró ella a una ermita a desahogar su corazón y a querer consolar de algún modo a Aquel que tanto amaba.

—Pues, ¿qué es esto, mi Señor y mi Dios? O dad fin al mundo o poned remedio –comenzó a decir en alta voz–. Atajad este fuego, Señor, que si queréis podéis. Mirad que aún está en el mundo vuestro Hijo; por su acatamiento cesen cosas tan feas y abominables y sucias; por su hermosura y limpieza no merece estar en casa adonde hay cosas semejantes... Ya, Señor, ya haced que se sosiegue este mar, no ande siempre en tanta tempestad esta nave de la Iglesia... ¡Salvadnos, Señor mío, que perecemos!

Y así la encontraron aquella tarde las monjas, llorando a lágrima viva sin saber qué le pasaba.

—Pero, madre, ¿qué tiene? ¿Le ha dado algún disgusto el señor obispo? ¿A qué viene tanta congoja?

—Se está rompiendo la Iglesia ¿y he de andar yo alegre? Dejadme llorar, que no estoy para otra cosa. Quieren tornar a sentenciar a Cristo, quieren poner su Iglesia por el suelo...

Las monjas habían ido llegando a la ermita pensando que algo grave le ocurría a la priora, pues esta no había acudido al coro al tañer la campana y más tarde estaba ausente en el refectorio. Cuando la vieron en esta desolación y preguntaban el porqué y unas a otras se iban diciendo por lo bajo que era por los problemas que tenía la Iglesia, se emocionaban conmoviéndose mucho ante el dolor que la priora manifestaba y el mucho amor que la estaba hiriendo.

A duras penas la levantaron del suelo donde estaba de hinojos y ella las obedeció y se fue con todas a la pieza de la recreación y allí luego se serenó un poco.

—Ahora comprendo para qué nos juntó aquí el Señor...

—¿Para qué, madre?

—Para ser buenas amigas suyas, amigas fuertes. Ya que tiene tantos enemigos, hagamos eso poquito que es en nosotras.

—¿Y qué será ello?

—No otra cosa que seguir con toda perfección nuestro llamamiento, ocupadas en oración por los que son defensores de la Iglesia... Olvidadas de pedir otras menudencias, que este es el negocio que hemos de atender. Así podremos ayudar a este Señor nuestro que parece sigue no teniendo adónde reclinar la cabeza.

Y les contó Teresa todo lo que había hablado con don Álvaro y les mostró la copia que le había dado del despacho para que todas pudieran leerlo y se hicieran cargo. Las hermanas apenas hablaron en aquella recreación, pues eran todas oídos a lo que decía la madre y parecían contagiadas, o al menos eso deseaban ellas, del gran amor de la priora por la Iglesia.

Fue después de recogerse cada una en su celda cuando pasó aquello del fuego. Que no se sabe quién lo vio primero y dio la voz de alarma, el caso es que salieron todas las monjas de las celdas muy despavoridas, porque se habían quedado las ventanas abiertas y las llamas daban gran resplandor y había mucho olor a humo, y porque a esas horas de la noche llamaban a la puerta con mucha urgencia.

—¡Fuego, fuego! –se oía gritar.

—¿Y qué hacemos ahora? –preguntó una monja muy asustada.

—¿Y qué hemos de hacer si no acarrear agua y ayudar a apagarlo? ¿O pensáis que nos vamos a quedar aquí mano sobre mano? ¡Hala, a la labor! –dijo Teresa mientras se arremangaba las mangas y se ponía el mandil con presteza.

Entonces fueron todas a por barreños, jofainas, calderos, jarras, peroles y demás cacharros, que todo era poco para apagar aquel fuego. Y la que no encontraba cosa grande se iba a por una escudilla.

—Que lo que importa es hacer lo poquito que es en nosotras –repetía la priora.

Y una se ponía en el pozo a sacar agua y las otras iban llenando las vasijas y las sacaban por la puerta reglar, pues venían vecinos a pedirla para apagar las llamas. Todo era un trajín de monjas acarreando agua, tan afanosas ellas, cuando vio Teresa que se acercaba un caballero muy engolado, que parecía que no iba nada con él aquello que estaba acaeciendo, según eran sus andares, con harto señorío, y su porte como de quien se pasea luciéndose, muy sobre sí y con ninguna intención de echar siquiera una mano en aquel aprieto.

—Quería yo hablar con la reverenda madre Teresa de Jesús –dijo cuando llegó a la puerta.

Ella, sin darse a conocer, preguntó que qué quería. Y él empezó a hablar de unos patronazgos y de unos títulos y herencias, y de la honra de tener un enterramiento en el monasterio, y que si esto y que si lo otro...

Pero la madre Teresa no podía atender a tanta bobada junta, porque iba llegando gente muy apurada a por más agua y ella veía las llamas de frente. Que le resultaba aquel caballero muy cargante y como fuera de sitio. Entonces se volvió hacia él harto enojada, pues no era la cosa para menos.

—Está viendo vuestra merced en la urgencia que estamos, ¿y pretende que haga caso de esas naderías? Pues le digo que no es ahora tiempo de tratar estos negocios de poca importancia. Váyase, que en otro sitio le oirán con más gusto que aquí. Nosotras solo podemos ofrecerle una vasija para que acarree agua que ataje este fuego.

El caballero la miró espantado cuando oyó hablar así a una monja tan resoluta y sintió mucho de ver afrentada su dignísima persona, por eso comenzó a echar improperios a la monja, al convento y a todos los eclesiásticos antes de irse enfurecido, dándose mucho aire con la capa y levantando calumnias y diciendo barbaridades de la madre Teresa de Jesús y de todas sus hijas, que eran unas tales y unas cuales...

Ella lo vio irse y quiso salir detrás y gritarle que no desperdiciara así su alma estando ardiendo el mundo, pero en ese momento se oyeron las tablillas que llamaban a la oración y se despertó de aquel sueño.

Sería por la impresión del día anterior y de todo lo que don Álvaro de Mendoza le contó de los luteranos, y también sería por la pesadilla que tuvo del fuego tan tremendo que había que apagar. Por las dos cosas sería, el caso es que aquella mañana en el Capítulo la priora hizo una exhortación muy encendida.

—Está ardiendo el mundo, quieren tornar a sentenciar a Cristo, pues le levantan mil testimonios, quieren poner su Iglesia por el suelo, ¿y hemos de gastar tiempo...? No, hermanas mías, no es tiempo de tratar con Dios negocios de poca importancia –empezó diciendo Teresa con voz grave–. Viendo tan grandes males que fuerzas humanas no bastan a atajar este fuego... Me ha parecido es menester como cuando los enemigos en tiempo de guerra han corrido toda la tierra y viéndose el señor de ella muy apretado se recoge a una ciudad, que hace muy bien fortalecer, y desde allí acaece algunas veces dar en los contrarios y ser tales los que están en la ciudad, como es gente escogida, que pueden más ellos a solas que con muchos soldados cobardes, y muchas veces se gana de esta manera victoria; al menos, aunque no se gane, no los vencen...

Las monjas la oían atentas siempre, porque tenía la madre Teresa una manera de contar las cosas que siempre empezaba con una comparación, y era como si principiara a contar un cuento o una historia de caballerías, pero que luego ellas podían meterse en dicha historia y tenían el sentimiento de que sus vidas no eran vidas que no importasen a este mundo sino que tenían un papel de mucha importancia, como la gente escogida que defiende una ciudad en tiempo de guerra.

Y la madre les siguió diciendo que ya no iban a ser las armas las que pudieran hacer algo ni tampoco el brazo seglar. No. Ahora el arma más poderosa, les decía, no era otra sino la oración. Y que por esto habían de ser ellas valientes en esta pelea, que no es pequeña, y guardar con mucha perfección lo prometido, con el favor de Dios, se entiende.

—Estoy segura –le dijo una monja a otra cuando iban saliendo del Capítulo– de que el más docto del mundo y más santo no podía haber dicho las maravillas que hemos oído hoy a nuestra madre.

—De eso no tengo ninguna duda. Lo malo será cuando nos falte ella, ¿nos acordaremos de todos estos consejos?

—Pero si son palabras de fuego, ¿cómo las hemos de olvidar?

—Pues porque la mente humana se enflaquece. Pero... estoy pensando en un remedio...

—¿Y cuál es?

—Que nos deje por escrito todas estas cosas.

A partir de entonces las monjas comenzaron a importunar harto a la priora para que escribiera un libro para ellas, pero la madre Teresa decía que había mucho que hacer y que ya había escrito el de su vida y que ese había sido por obediencia, pero ahora era otra cosa...

—¿Y acaso no es obediencia cumplir el deseo de las hijas? –se atrevió a decir una.

La madre se rió para sus adentros y calló. Era la hora de ir a rezar. Cuando entró en el coro miró con terneza la lamparita del Sagrario.

—¡Oh Vida, que la dais a todos! No me neguéis a mí esta agua dulcísima que prometéis a los que la quieren. Yo la quiero, Señor, y la pido y vengo a Vos. No os escondáis, Señor, de mí, pues sabéis mi necesidad, y que es verdadera medicina del alma llagada por Vos.

Capítulo 23

Da algunos consejos que son de mucho provecho para quienes siguen camino de oración. Dice de cómo se van ensanchando los horizontes allende los mares

Algo que se quedó claro desde el principio es que en San José, el nuevo conventillo de Ávila, no iban a encontrar entretenimiento los señores de este mundo, que para ello siguieran yendo a La Encarnación si así les placía, porque las descalzas harto ocupadas estaban en sustentarse con el trabajo de sus manos y cuando de él se desembarazaban harto tenían que tratar a solas con el Señor, que para eso principalmente estaban allí.

—Que no es otra cosa oración sino tratar de amistad tratando muchas veces a solas con quien sabemos nos ama –les decía la madre priora.

Y por eso fue el hacer muchas ermitillas en la huerta, para que tuvieran soledad cada una de por sí y allí se retiraran cuantas veces pudieran con tan buen compañero. Ella misma era la que se encargaba de espantar todos los miedos que inculcaban algunos letrados de ir por camino de oración.

—No hagáis caso de los que ponen esos miedos –les aconsejaba a sus monjas–, que quien os dijere que este es peligro, tenedle a él por el mismo peligro y huid de él. Peligro será no tener humildad y otras virtudes, mas, ¿camino de oración camino de peligro? ¡Nunca Dios tal quiera!

Y cuando se allegaban amigos o deudos al convento, Teresa decía que los engolosinaran ellas de su lenguaje y los llevaran a Dios y no pasara lo contrario, que resultaran ser las monjas las seducidas. Esto hizo que se empezara a correr la voz por Ávila que allí solo se hablaba de Dios y de las cosas del alma, que no se trataban otros negocios.

Así, con mano suave y certera iba trazando la madre un nuevo estilo de vida, una nueva manera de ser monja. Y ella sabía que la cosa iba bien, porque veía a las hermanas proceder siempre con mucha alegría interior y esta era la mejor señal, que parecía un cielo la casa aquella si es que lo hubiere en la tierra.

Ay, pero, ¿y cuando ella faltara? ¿No tendrían razón sus hijas con esas importunaciones pidiéndole que escribiera? Ya tenía pensados muchos avisos y consejos que sabía que eran de harta importancia. Pero, ¡buenos corrían los tiempos para que una mujer se pusiera a escribir de oración y ahora sin atender a obediencia! Había que buscar algún remedio...

Un día, después de confesar, Teresa se atrevió a consultar dicho asunto con el padre Domingo Báñez.

—Que me insisten mucho las hermanas por que les escriba algo de oración... Nada, algunos avisos y remedios para tentaciones...

—¡Ya!... ¡Las hermanas!... –dijo el fraile rebulléndose en el asiento–. ¿Y es que no tienen las hermanas libros que hablen de tal cosa? –preguntó con segundas, a sabiendas de que la priora era amiga de tener buenas lecturas en el convento.

—Sí, mi padre, hartas y espirituales. Pero resultan ser todos escritos por varones y letrados...

—¿Y qué de malo hay en ello? –preguntó él con mucha sorpresa.

—De malo nada, solo que por tener otras ocupaciones más importantes y ser varones fuertes, no hacen tanto caso de las cosas que en sí no parecen nada. Y a cosa tan flaca como somos las mujeres... pues todo nos puede dañar.

—Sí, cierto... –asintió Báñez no creyéndose ni un punto de esas consideraciones que la madre le decía sobre la flaqueza de las mujeres.

—¿Entonces qué determina? –insistió ella, después de un breve silencio.

—Madre, sabe que no son tiempos favorables para escribir sobre oración... Y menos una monja.

—Lo sé, pero si vuestra reverencia me lo manda, yo lo escribiré para obedecerle... ¿Y por ventura será pecado el obedecer? ¡Eso nunca! Además, solo diré algunos avisos... Si acaso hablaré del Padrenuestro... ¿Es que no es esta oración la que todo cristiano ha de saber? ¿O va a ser también sospechosa? Esto es algo que no nos pueden quitar...

Y de esta manera le siguió diciendo que no sería nada, que un librillo, nada más, y que él lo vería el primero para que pudiera enmendar todo lo que fuese menester y si tan disparatado saliera, que él mismo lo quemara. Y el fraile acabó diciendo que bueno, que escribiera y que ya se vería.

Cuando el dominico salió del confesonario y se arrodilló ante el Sagrario no dejaba de pensar en la conversación y se preguntaba cómo hacía esta monja para convencerle siempre.

—¡Cosa tan flaca como son las mujeres!... No se lo cree ni ella, Señor... ¡En fin! ¡Un librillo, dice! ¡Un librillo sobre el Padrenuestro! ¡Veremos a ver en qué queda el librillo! –se fue él diciendo entre sí.

Teresa, por su parte, aquel mismo día volvió a coger la pluma y sobre el papel en blanco escribió:

JHS

Este libro trata de avisos y consejos que da Teresa de Jesús a las hermanas religiosas e hijas suyas... Pocos días ha escribí cierta relación de mi vida. Porque podrá ser no quiera mi confesor la leáis vosotras, pondré algunas cosas de oración que conformarán con aquellas que allí digo y otras que también me parecerán necesarias. El Señor lo ponga por su mano, como le he suplicado, y lo ordene para su mayor gloria, amén.

Tenía tanto que avisar, tanto que aconsejar de trampantojos que una se encuentra en esta vida, de ocasiones en las que se cae una y otra vez, de tentaciones y batallas que hay que librar... ¿Es que se puede pensar en prohibir a una madre que hable a sus hijas y les avise de tantos peligros como les acechan, que les recuerde y señale el camino por el que han de ir más seguras? ¡Desatino grande sería ese!, pensó ella.

Pero aunque escribió un poquito, luego lo hubo de dejar, porque había otras cosas que hacer en el convento, como era el cocinar, lavar la ropa, barrer los suelos, atender las plantas, hilar, sacar agua del pozo... y en fin, muchas faenas que surgen en cualquier casa, pero más en un convento, por chico que este sea como lo era el de San José. Y todo esto aparte, se entiende, de la lectura espiritual, que es alimento sustancioso para el alma, y de los rezos propios que se han de tener por ley, mas luego las dos horas que la madre había añadido a sus monjas de oración mental para que pudieran estarse a solas con el Esposo.

—Estas no pueden faltar –les decía.

Aquella misma mañana sin ir más lejos se había dispuesto el ir a limpiar los corralillos y por eso había dejado ella la pluma y se había puesto el mandil.

—Déjelo, madre, que ya vamos nosotras –le dijo Ana de los Ángeles, la supriora, queriéndola persuadir.

—¿Y esa nueva?

—Que tiene mucho que hacer y nosotras podemos...

Los corrales eran un lugar sucio y de mal olor donde iban las basuras y toda la inmundicia, y no era plato de gusto para nadie.

—No me venga ahora con melindres y no me haga tan flaca... –le contestó Teresa algo enojada–. Antes de priora soy madre, y yo voy a barrer y a limpiar como todas; que aquí no hemos de andar con esos miramientos y distinciones; aquí todas somos iguales, todas nos hemos de amar, todas nos hemos de ayudar... Esto es distinto a lo que dejamos en La Encarnación; si no lo fuera, allí nos hubiéramos quedado, que también hay muy buenas monjas ¿no es cierto? Pero no, aquí hemos de proceder de distinta manera: a vino nuevo, odres nuevos.

Ana calló. No había remedio.

Y allá que se fueron todas, y ya llevaban un buen rato afanosas, metidas en esos menesteres, mientras la priora consideraba cómo en un muladar sucio también podían nacer flores como esas margaritas que estaba viendo, cuando le fueron con el recado que había en el torno un padre francisco que quería hablarle.

—¡Vaya, qué importunidad! ¿Y es que no puede venir otro día?

—Está de paso en Ávila. Dice ser misionero en las Indias –le dijo la tornera.

Al oír esto a Teresa le dio un vuelco el corazón y presto se fue quitando el delantal y bajando las mangas del hábito mientras se dirigía al locutorio.

Aquel hombre de mirada encendida y largas barbas hablaba con tal fervor que parecía un nuevo san Elías, tanto que quedó espantada la madre. Traía él unos memoriales de fray Bartolomé de Las Casas para el Consejo de Indias, unas exposiciones de lo que allí había y de los hartos abusos que los conquistadores tenían con los indios aquellos; que hasta a la corte pretendía llegar por defender dicha causa. Y ya llevaba un tiempo contándole cosas tan bien contadas que no era menester tener mucha imaginación para verlas tal cuales eran, cuando ella le dijo que callase, por Dios, un poco, porque iba a llamar a las hermanas para que también lo pudieran escuchar ellas.

Las monjas, al oír la campana que tocaba al locutorio, pensaron que alguien de importancia debía de ser, porque no acostumbraba la priora a quitarlas del trabajo así como así. Por eso se quedó aquel día a medias la limpieza de los corralillos y se fueron todas a ver al misionero, que ciertamente era digno de ser visto y escuchado.

—¿Y se pierden muchas almas por aquellas tierras? –le preguntó una monja, después de oírle.

—¿Muchas? –dijo enardecido fray Alonso–. ¡Muchos millones!

Y el fraile pintaba todo tan al vivo con sus palabras, porque era locuacísimo, que algunas monjas sacaban los pañizuelos y secaban las lágrimas. Una de ellas miró entonces a la madre Teresa porque sabía que estas cosas, igual que cuando vino don Álvaro con el despacho real hablando de la división de la Iglesia, la conmovían sobremanera y le eran estas noticias de mucha aflicción. Y así en verdad la vio, harto desconsolada, con el rostro demudado.

Después que se fue el encendido misionero, dejándolas con muchos deseos de oración y penitencia por aquellos pobres indios, se vio a la priora muy embebecida por muchos días.

—Aquí son nuestras lágrimas, hijas –les decía muchas veces cuando salía la conversación.

Y por mucho que quisiera apartar el pensamiento, se le venía una y otra vez durante muchos días todo lo que había oído. El único desaguadero para tanta congoja era irse cabe el Señor y allí llorarle y preguntarle que qué podía hacer ella, que si le daba la pena que le diera también el consuelo. Tanto importunó con ello al Esposo que ya una noche pudo hallar un poco de alivio.

—*Espera, hija, y verás grandes cosas* –dijo una Voz muy conocida en lo más interior de sí misma.

Grandes cosas... ¿Qué sería ello? Menester era esperar con paciencia a que acaeciera lo que fuese, que bien sabía por experiencia que no se quedaría sin cumplir la promesa que le habían hecho. Grandes cosas vería, de eso estaba cierta.

Mientras tanto la vida seguía con paz y pasión en el conventillo de San José, en el que todas pretendían conocer a Dios por experiencia y no solo de oídas, porque de esta y no de otra manera se forjaban relaciones de amigas fuertes de Jesucristo, sabedoras de que era ese el remedio para un mundo que estaba ardiendo, para una Iglesia que estaba rota.

La madre priora, en los ratos que podía y también hurtando otros muchos del sueño, a la luz de una vela escribía el librillo que le habían pedido sus monjas, al hilo de la vida, según se iba viviendo así se iba escribiendo.

Capítulo 24

Habla de las cosas grandes que hace el Señor a vista de ojos en el alma que todo lo fía de él

Por aquellos días el padre Juan Bautista Rubeo llegó a Castilla. Tres años hacía que lo habían elegido general de la Orden del Carmen y a estos reinos vino para obtener el *«exequatur»* de Su Majestad y visitar los monasterios de las distintas provincias para proclamar en ellos la reforma del concilio de Trento. Venía el pobre hombre ya muy fatigado de visitar tanto fraile y tanta monja y comprobar que no estaban las comunidades para cantar muchas aleluyas. Lo primero fue empezar por el Andalucía que, válgame Dios, cómo hubo de sufrir aquellos seis meses tanta sinrazón y desacato de parte de algunos frailes rebeldes. Luego siguió por el reino de Portugal, de donde salió harto edificado, y a principios de febrero entraba en tierras castellanas.

Cuando la madre Teresa oyó que el padre general estaba en Ávila se le cortó de pronto el huelgo.

—¡El Señor nos asista...! Y ahora, ¿qué será de mí? –dijo congojada.

—Pierda cuidado, madre, que todo saldrá bien. Estoy seguro de ello –la animó Julián de Ávila, el capellán.

—Pero, bendito de Dios, ¿cómo habré de perder cuidado? Que no solo temo cómo le ha de caer que esta casa no esté sujeta a la Orden, sino también que se enoje conmigo y me mande tornar a La Encarnación... Mucho desconsuelo sería ese...

El bueno de Julián, sabiendo cómo miraba el obispo aquella fundación y que era la niña de sus ojos, intentaba espantar los miedos de la priora.

—¡Como que va a consentir don Álvaro que se vaya de aquí su reverencia! –le decía con mucha seguridad.

Pero los días se pasaban y los miedos, sabía Teresa, que no iban a frenar los hechos, cualesquiera que ellos fuesen, por eso se determinó entonces a confiar con toda su alma en Aquel que le había mandado meterse allí como pudiese, que era de donde verdaderamente le podía llegar la paz en medio de ese susto que se le había entrado en el pecho.

Y como pasaba marzo y no había ninguna novedad, el capellán, que quería seguir espantando miedos como si fueran moscas, le decía a la madre Teresa que bastantes frailes y monjas había de visitar aquel general como para acordarse de trece pobrecillas.

—Que digo yo, que se irá de Ávila y ni se enterará que viven aquí.

—Enterarse se va a enterar –dijo ella muy firme–. Y si no hay nadie que se lo diga seré yo quien le mande llamar y le dé noticia cumplida de la situación de esta casa.

Julián de Ávila sintió que le hervía la sangre y se enojó mucho al oír aquello.

—Parece mentira, madre... –empezó diciéndole–. ¡Lo que le gusta la batalla! Hasta que no se mete en el mayor peligro parece que no anda contenta... ¡Donosa cosa sería que ahora la mandaran tornar a La Encarnación! ¿Qué iba a ser entonces de sus hijas, eh?

—¿Pero no era vuestra merced quien me decía que perdiera cuidado?

—Sí, pero no hay que tentar tampoco a Dios. ¡Y le digo que no es menester mandar llamar a ese hombre! –dijo de mal humor dando un golpetazo en la mesa.

Mientras más se alteraba el cura, más recia se iba haciendo la determinación de Teresa.

—Pues yo le digo que no ha de ponerse hoy el sol sin que lo mande llamar... Así que tranquilícese y no se turbe de esa manera.

Julián estuvo a punto de decirle que no había conocido mujer más terca, pero antes de caer en esa tentación agarró su manteo con muchas ínfulas y salió del locutorio de muy mal aire.

Ella se rió al verlo ir tan enojado, aunque bien sabía que presto se le pasaría el enfado y que siempre podía contar con tan fiel y cumplidor amigo.

Al día siguiente, mientras bajaba las escaleras para dirigirse a la portería, Teresa se iba convenciendo a sí misma de que en otras peores se había visto metida y que no iba a pasar nada que no lo permitiera el Señor. Y de lo más profundo de su condición de mujer comenzaron a salirle las defensas y el coraje y los hervores y los ímpetus, a tal punto, que cuando se abrió la puerta reglar y vio la figura de un hombre ya entrado en años y con vista cansada, se enterneció toda y supo que aquella partida estaba de antemano ya ganada.

El padre Juan Bautista Rubeo miraba todo con atención, todo que era casi nada, porque bien pocas cosas había en aquel convento tan pequeño. Y luego contaba a las monjas y se acababan pronto, pero tan sonrientes ellas, que daba gusto mirarles el rostro. Se acordaba del otro monasterio, de La Encarnación, tan grande, con tanta gente seglar por los claustros, con tanta monja pasando penuria mientras otras vivían con harto regalo, según fueran los linajes...

El obispo, don Álvaro, que también se encontraba allí, decía que ya quisiera él tener muchas monjas como estas y aun frailes, que por qué no daba el padre permiso para tener frailes descalzos, que estaban las religiones muy perdidas...

—*Non me parla la sua signoria de frailes... No me parla...* –decía el general chapurreando el castellano.

Y es que venía el hombre bien escarmentado del Andalucía.

Luego se quedó a solas con la madre Teresa de Jesús, aquella de la que tanto le habían hablado, y que unos decían que era una santa y otros que solo era una rebelde. Él veía a una monja con hábito pobre, tratándole con llaneza, sin ningún artificio, mientras le contaba las intenciones que la habían llevado a abrir aquel convento y que se fundaban en oración, decía ella, y que querían ser como una familia donde todas eran hermanas y amigas, que por eso no eran más de trece.

—Pero tenemos también mucho de ermitañas, porque esos eran los orígenes de la Orden –defendía la monja.

Rubeo asintió con la cabeza mientras miraba las ermitas de la huerta.

—Esos, esos eran...

Y con esta primera conversación se quedaron los dos tan amigos. Tanta amistad trabaron que cuando el padre general, en los días que estuvo en Ávila, tenía un rato libre allá que se iba, a San José, a hablar con la madre Teresa; y ella, viendo las muestras de confianza, le contó toda su vida: aquellos deseos primeros, los peligros en que había caído y cómo la tornó el Señor a sí y le hizo principiar aquella manera de vida y cómo también el Señor le dio grandes deseos de ser ella parte para que algún alma se llegase más a Dios.

También le habló de sus penas al saber la división de la Iglesia y de tantos como se perdían en las Indias.

Y al padre Juan Bautista le pareció estar soñando, porque le parecía ver allí un retrato del principio de la Orden, un pequeño paraíso que no podía perderse en manera alguna.

—Pero, *mia fligia*, si me dice que no han de ser más de trece *monache*... ¿Qué hará si llaman más al *monastero?*

—Eso dispóngalo vuestra reverencia –le dijo Teresa con cierta astucia.

—La casa está bien *sotto* el obispo, pero la priora *il mio subdita, ¿non è vero?*

—Ciertamente, padre.

—*Allora io* ordeno que siga fundando *piccolo* paraíso igual que este, pero bajo *Ordini* Carmen.

Así fue como le dio el general patentes para empezar a fundar y ningún provincial ni superior le estorbase. Además dio amplio permiso a las monjas que quisieran de La Encarnación pasar a este nuevo modo de vida o simplemente ayudar en las fundaciones que se hicieran según la primera Regla, pudiendo luego volver a su monasterio.

La madre, cuando se despidió de él, supo que esas eran las grandes cosas que el Señor le había prometido ver. Y sí, ya se veía ella en los caminos abriendo conventos y poniendo sagrarios en medio de esta Iglesia rota y dolorida.

—¡Ay, Señor, y qué grandes cosas son estas...! –dijo apretando las patentes contra su pecho como lo más preciado que hubiere en el mundo.

Por otra parte, a don Álvaro, el obispo, eso de fundar otros conventos no le hizo ni pizca de gracia, porque en el fondo no quería que la madre Teresa faltase de Ávila, y así andaba por su palacio un poco taciturno y resoplando algunas veces y hablando entre sí. Menos mal que doña María de Mendoza, su hermana, le fue convenciendo de que era lo mejor, que hubiera muchas monjas descalzas. Y el otro hermano, que por maravilla se encontraba esos días también allí, don Bernardino, que era por cierto el calavera de la familia, que siempre alguno ha de haber, también decía lo mismo.

—¡Y con gusto le doy yo mi finca de Valladolid para que funde convento! –dijo entonces la oveja negra.

El obispo y doña María le miraron con sorpresa.

—Que seré yo un pecador y un perdido, pero no un necio para no distinguir un santo de un farsante y bien sé que esa monja es de los primeros.

Total, que la cosa empezó a saberse por toda la ciudad y la gente se entretuvo en hacer comidillas de todo tipo y en dar cada uno su parecer, según es costumbre.

—¡Esa mujer anda siempre inventando! –decían unos.

—Cierto. Si no inventa parece que se le acaba la vida. ¡Cómo se conoce que es amiga de novedades! –terciaban otros.

—Que invente, que invente... Que ahora se vendrá a saber que todo es desatino.

Teresa hacía el mismo caso que se hace a una hormiga, sabedora de que así es la condición de los mortales que desconfían y recelan de un Dios que hace cosas grandes y nos las quiere hacer ver.

Ya parecía estar ella viendo su nuevo convento de Medina del Campo. Ya habría tiempo para ir a Valladolid.

—Ha de ser allí..., primero en Medina –le dijo un día al capellán–. Es una ciudad caudalosa, con hartas oportunidades para fundar en pobreza. Además, allí está el padre Baltasar Álvarez, que le han nombrado rector de la Compañía y nos habrá de favorecer. Y también ha ido el padre Antonio de Heredia de prior de los carmelitas, que nos ve con buenos ojos... Y le digo que tener gente conocida ya es medio camino hecho.

—Pero madre, aparte de gente conocida y de las patentes... ¿Con qué más contamos? ¿Se puede saber? –preguntó Julián con algo de impaciencia, pues tomaba este asunto como cosa propia.

—Con unos dineros de doña Isabel de Fontecha, que se viene de postulante a Medina. Y... con la misericordia de Dios. ¿Le parece poco?

—¡Ya! ¿Y cuántos son los dineros? –insistió el cura.

—Mire que es desconfiado, ¿eh?... Son quince mil maravedises –dijo ella con cierto rubor, porque era harto poco.

—¡Quince mil maravedises! ¿Y con esa miseria pretende comprar un convento? ¡No me haga reír! –contestó el otro mientras se levantaba y se ponía a andar medio nervioso–. ¡Con eso no hay ni para un palomar! ¡Quince mil maravedises, vaya nonada!

—Con eso bien se puede alquilar una casa, que no es menester más para empezar. El Señor irá proveyendo. Y por Dios le pido que tenga vuestra merced más confianza, pues sin ella nada hemos de hacer –contestó Teresa muy determinada, como a quien no se le pone nada por delante.

A la mañana siguiente salió Julián para Medina con la misión encomendada por la madre de recaudar todas las licencias para la fundación, haciendo acopio por el camino de la mayor confianza que él comprendiera pudiera caber en su persona, tal como le había dicho la priora. De capellán ahora pasaba a ser fiel escudero, oficio que por cierto le pintaba muy bien.

Comenzáronse a abrir todos los caminos, los tortuosos, los llanos, los escondidos, los reales, para que la dama herida llevara su encomienda.

Capítulo 25

Que dice cómo fue la segunda fundación de la madre Teresa en la ciudad de Medina del Campo y cuántas dificultades hubo en ella. Habla también de un encuentro que vino a ser principio de otra reforma

Llorente, el herrero, había ahogado sus penas aquella noche de feria en unas cuantas jarras de vino tintorro, compartidas generosamente con su amigo Pascual, al que encontró en la taberna de la plaza. Los dos se vaciaron los bolsillos cuando vacías se quedaron las jarras y, al ver que no tenían blanca, se fueron tambaleando por las calles oscuras de Medina mientras cantaban a la luna, que ese es otro consuelo.

—¡Pardiez!... –exclamó Pascual parándose en seco–. ¿No querías ir tú al encierro, amigo?

—Quería y quiero... ¡hip! –contestó el otro dando un hipido y volviéndose sobre sus pies–. Y allá que me voy...

—Pero, ¿adónde vas, desgraciado? –le dijo agarrándole fuerte por la manga–. ¿No ves que viene ahí enfrente una manada de toros y que no es menester buscarlos?

—¿Toros? ¿Dices que son toros esos que vienen? Pues por vida de mi madre que los voy a torear yo solito... ¡hip! –dijo Llorente quitándose la capa, dispuesto a lidiar todos los toros que fueren menester.

Julián, el cura, cuando los vio venir hacia ellos con esas artes se apresuró y fue a reñirles, muy envalentonado él, porque el estado en que se encontraban los dos hombres era verdaderamente lastimoso. Y que dejaran, por Dios, de decir barbaridades, les dijo.

—¡Que no son toros sino monjas! ¡Compórtense o no dejaré de llamar a la justicia!

Y a los dos amigos les dio por reírse de aquellos toros con toca y sin cuernos, y mientras se alejaban dando tumbos iban diciendo inmundicias sobre monjas y curas, pues sabido es que en esos estados en que pone el vino ni hay memoria de Dios ni respeto de nada.

—¡Válgame Dios qué nochecita hemos ido a entrar! –dijo la madre Teresa riéndose cuando pasó aquel nublado–. Pero ya se sabe, que si el demonio empieza a dar batería es que quiere estorbar algo que es de Dios. Eso mismo nos tiene que animar. ¡Andando!

Y esto lo decía no solo por aquellos dos borrachos que encontraron, y que a esas horas en una noche de feria no era para espantar, sino por todas las peripecias que hubieron de sufrir desde que salieron de Ávila, pues ya al hacer noche en Arévalo les llegó muy afligido don Esteban, un cura de Medina, que les salió al encuentro diciéndoles que no había que pensar más en la casa alquilada, pues los agustinos que estaban al lado les pondrían pleito si allí se metían. Menos mal que después de este aguacero se presentó el padre Domingo Báñez y vio Teresa los cielos abiertos.

—No se turbe –le dijo él–. Si Dios ha permitido que salgan de Ávila no es para tornar ahora de vacío. Vaya adelante.

Esto era justo lo que ella quería oír, pues no sufría la idea de tornarse atrás a estas alturas. Eso, lo último.

—El padre Antonio ha buscado otra casa para comprar, pero dice que está tan derruida que era menester alquilar esta otra mientras se hicieran las obras... –le comentó la madre.

—¿No le dijo nuestro Señor al fundar San José que se metiera como pudiera? Pues ahora se lo digo yo de su parte. Vayan, que mañana, día de la Asunción, ha de estar fundado este nuevo monasterio. Y no piense en las dificultades.

Luego, más tarde, llegó Antonio de Heredia, el prior de los carmelitas, y empezó a presumir de que era una buena casa aquella, la derruida. Que había tenido él muy buen ojo y que no había que reparar tanto en los desperfectos, que al cabo eran sin importancia. Tanto insistió y tan persuadido estaba de ello que se consolaron las monjas y allá se metieron sin saber muy bien dónde.

—¡Menuda casa es esta! ¡De lo mejor! Uno, que tiene buen ojo... Porque para esto hay que tener buen ojo... –repetía una y otra vez el prior.

Aquella noche de toros la pasaron aparejando malamente un altarcillo con algunos damascos que encontraron en la casa y puntas viejas que iban desclavando de un sitio y de otro... Después de unas horas, una vez que empezó a clarear tocaron la campana... El mismo día de la Asunción se fundó el segundo convento de la madre Teresa, tal como lo asegurara el padre Báñez.

La gente, admirada, acudía a ver el nuevo altar y se hacían cruces porque de la noche a la mañana había acaecido tal mudanza en una casa tan vieja y en tan mal estado...

Lo malo fue cuando el sol empezó a descubrirlo todo, pues de noche ya se sabe que todos los gatos son pardos y apenas pudieron advertir dónde se habían metido.

—¡Válgame Cristo! Pero, ¿a esto hemos de llamar monasterio? –exclamó Teresa compungida, al ver la ruindad de la casa y que los muros estaban cayéndose y que verdaderamente aquello era como estar viviendo en la misma calle–.

¿A dónde nos ha traído este bendito de fray Antonio? Dios le perdone...

—En peor estado se vieron nuestra Señora y san José en aquella cueva... ¡Menuda casa es esta en comparación! –se excusó luego el fraile.

—Déjese de esas comparanzas que no estoy para ello. De aquí tenemos que salir lo antes posible –dijo Teresa con enojo.

—Yo buscaré otra casa, no se preocupe –quiso tranquilizar el capellán al ver así de desconsolada a la madre, pues él comprendía que no era para menos.

Y así fue como se pasó Julián ocho días buscando por toda Medina un sitio medio decente para meter a las monjas y luego acabar viniendo harto apesadumbrado cada tarde por no encontrar nada.

—No hay novedad... –decía yéndose a un rincón, sin osar pedir alimento alguno.

Mientras el fiel capellán gastaba las suelas y la paciencia en buscar casa durante el día, la madre Teresa gastaba las horas del sueño en velar al Santísimo. Porque, a ver cómo iba a dormir ella estando nuestro Señor en aquel portal medio caído, que por menos de nada podía ocurrir una desgracia. ¡Imposible sosegar! Y le temblaban las carnes nada más pensar que algún desalmado pudiera entrar y hacer cualquier desatino. No, no se podía sufrir aquello. Así que ella se levantaba con mucho cuidado para no despertar a las otras y se iba a mirar al Sagrario... Cuando veía que todo estaba en orden, que no había entrado nadie, se volvía a acostar... daba unas cuantas vueltas en la esterilla sin lograr coger el sueño... Y se volvía a levantar, porque parecía que había oído algún ruido... Luego, allí se quedaba, junto al Señor, después de haber ido y venido varias veces... Mejor quieta, a su lado. ¿Para qué ir yendo y viniendo?

—Lo que sea de uno, que sea de los dos... –le decía ella, dispuesta a morir si llegara el caso porque no fuera el ofendido–. ¡Oh vida de mi vida y sustento que me sustentas! –y así pasaba el resto de la noche, diciendo ella requiebros a su Amado.

Pues resulta que en este plan se pasó más de una semana.

—¡Ay, hijas!, rogad al Señor de rentas y renteros que nos busque Él mismo una casa, que así no podemos seguir más tiempo –les insistía una y otra vez la madre Teresa a sus monjas–. ¡Que nos tiene que sacar estas castañas del fuego antes de ser quemadas!

Por eso, aquel día en que Blas de Medina llamó a la puerta ofreciéndoles los altos de su casa para que allí habitasen hasta que se hicieran las obras del nuevo convento, les pareció a todas que Dios mismo les había ido a visitar vestido de mercader.

Allá se fueron y comprobaron que era lo mejor que les podía haber pasado. Se asentaron como pudieron en la planta alta que les ofrecían y ya la madre comenzó a dormir por las noches... ¡Ah, cuando vio ella colocado el Santísimo en aquella sala dorada, cómo descansó su alma!

Así todos, cuando comprobaban que el Señor iba abriendo puertas, aprendían a confiar junto a la madre Teresa, que era eso lo que principalmente les enseñaba ella. Y a saber que aquel asunto de la fundación no se hacía por industria humana, sino que era Dios mismo el que lo iba trazando y les mandaba a personas que las ayudaran, como doña Elena de Quiroga, una muy devota del padre Baltasar Álvarez, que ofreció su ayuda para las obras del convento y que las iba a ver a la casa de Blas de Medina, llevando a su niña de seis años, la cual miraba todo con ojos muy abiertos y no perdía ripio de nada y decía que ella iba ser monja de mayor.

—¡Y qué razón tiene la criatura! –decía Teresa riendo.

Las monjas estaban todas tan contentas que no cabían en sí. Comenzaron a llegar nuevas vocaciones y era una gloria ver la comunidad y cómo marchaba todo tan bien.

—A mi parecer, después de todos los trabajos sufridos, lo que nos queda es holgar y perder todo cuidado –dijo una monja en la recreación.

—Mire ella, que eso de holgar y perder cuidado dura bien poco mientras estamos en este mundo –le contestó la priora–. Otro negocio no menos importante me trae ahora de cabeza.

Todas la miraron curiosas, sin saber a qué se refería. Pero ella seguía hilando, como si nada, porque le gustaba entretener la conversación.

—Cuéntenos, madre. ¿De qué se trata? –preguntó una.

—¿Tiene algo que ver con el correo que ha venido esta mañana? ¿Hay una mala noticia? –preguntó otra, viendo que no soltaba prenda.

—Pues sí, tiene algo que ver... ¡Aquí tengo esto! –dijo con algún misterio, a la vez que sacaba del cesto de la labor unos papeles–. ¡Las patentes del general para fundar dos casas de frailes!

—Pero, madre, ¡nos ha engañado! ¡Esa es una alegría muy grande que estábamos esperando!

—Sí, hija, sí... Pero, decidme, ¿de qué nos sirve tener patentes si no tenemos frailes?

Este era el trabajo que se tenía ahora. Ahí estaban las patentes, pero sin frailes para comenzar. El caso es que ya el padre Antonio de Heredia, prior de Medina, le había dicho que allí estaba él para principiar lo que fuese, pero a la madre no le hacía demasiada gracia un fraile ya tan hecho y derecho, y porque era de esa condición, de querer ser primero en casi todo menos en cosa que tocara a deshonra, y sus maneras muy pulidas, con harto cuidado de toda su persona y compostura, que iba hecho siempre un pincel aquel fraile y le daba mucho aire a la capa, y que luego era un poco meticón... Y eso era lo que no le caía en gracia a ella, por no ser buenos principios. Con tantos flecos de resabio a ver cómo se cortaban luego... Y así le iba dando largas.

—Bueno, bueno... Pero con sola su reverencia no hacemos nada –le decía Teresa al prior dándole largas, después que él le aseguraba mucho del cambio que se estaba operando en su alma y cómo el Señor lo llevaba por camino estrecho.

El caso es que las monjas siguieron encomendando mucho este asunto. Y un día muy bonito de octubre, que salió el sol después de otros de mucha lluvia y que corría un vientecillo que daba gusto, apareció en la puerta aquel fraile pequeño preguntando por la madre Teresa de Jesús. Era este morenico, muy flaco y, en fin, más bien poca cosa, pero tenía en la mirada un no sé qué, como una lumbre ardiendo que encandiló a la madre en cuanto lo vio.

Hablaba poco el frailecito, pero muy asentado todo lo que decía y contestando a las preguntas de la priora vino a decir que tenía el pensamiento de entrar en la Cartuja.

—¿Tan mal se le ha tratado para querer dejar la Orden de la Virgen? –preguntó Teresa.

Entonces fray Juan, que así se llamaba, le contestó que no, que no se iba porque le hubieran tratado mal, sino porque buscaba otra cosa que no encontraba en la Orden. Y empezó a hablar él de soledades y silencios y de amores que hieren y de no querer conformase con volar bajo estando llamado a las alturas... Y de otras muchas cosas interiores. Y es que, aunque al fraile le daba apuro contarlas, porque era muy reservado, sabía que la monja lo entendía por experiencia y así, delante de ella, fue sacando todo lo que le bullía en los adentros, mientras se le iba encendiendo el rostro.

—Pero todo lo que me dice es del espíritu de nuestra Orden. Está en aquellos primeros padres del Monte Carmelo que llevaban vida de ermitaños... –terció la priora.

—Cierto, pero ahora ya no es lo mismo...

Entonces Teresa, que no estaba dispuesta a dejar ir esta oportunidad, le abrió también el alma como ella sabía hacerlo, diciéndole cuáles eran los propósitos que la habían llevado a salir de La Encarnación y cómo el estilo que tenían ahora las descalzas era otro bien distinto. Y cuando acabó de despacharse a sus anchas, hablando del fundamento de la oración y cuánto importaba la soledad en sus monjas, miró a los ojos del frailecillo, que aunque era pequeño y joven, bien se echaba de ver que valía una catedral.

—Patentes muy cumplidas tengo yo de nuestro padre general para fundar dos casas de frailes reformados, ¿por qué se va a ir a la Cartuja pudiendo vivir eso que quiere en la Orden?

Y fray Juan bajó los ojos porque no sabía qué decir y porque aquella monja lo estaba convenciendo demasiado aprisa.

—Sí, madre, pero todo principio lleva su tiempo y yo no puedo esperar –dijo al cabo de un silencio.

—¿Por qué no puede esperar un poco?

Porque le quemaba la urgencia de un amor más perfecto, le dijo, y porque ya no era él tan mozo y la vida pasa presto.

A la madre Teresa le entró la risa, pero se la supo contener, porque decía fray Juan que no era mozo cuando solo contaba veinticinco años.

—Pierda cuidado, que de este mundo no nos vamos sin haber cumplido el encargo que el Señor nos hace. Se lo digo por experiencia. Mire cómo a mí me tornó a llamar a un seguimiento más estrecho cuando ya tenía los cuarenta de edad... Y, véalo: ahora me tiene ya vieja fundando conventos.

Lo de vieja lo dijo por decir, para que se diera cuenta el frailecito que veinticinco años no son nada, pero no porque ella se viera vieja, que desde que se había entregado al Señor nunca se sintió más joven.

—Ya, pero cada uno es cada uno y por ventura es servido el Señor llamarme a mí a su presencia a otra edad...

Teresa lo miró sonriendo. Sí. A lo mejor... Quién sabe. Con esas prisas y esos amores acelerados... quién sabe. Por eso le hizo prometer que esperase un poco, solo un poco todavía, que se fuera él a Salamanca a continuar los estudios.

—Las letras nunca sobran y en estos tiempos son harto necesarias –le encareció.

Mientras, ella buscaría sin perder tiempo alguna casa donde principiar. Y entonces fray Juan le dijo que sí, que le daba su palabra de esperar otro poco.

—Solo un poco –insistió él al tiempo de irse.

—Sí. Un poco, nada más –aseguró ella.

Cuando la priora contó esto del fraile pequeño a sus monjas, mostró mucho regocijo porque había encontrado por fin al hombre que buscaba, que ya lo del convento y los dineros era lo de menos; de eso se encargaba el Señor. Y estaba tan alegre por este hallazgo que se fue a la cocina a hacer unas rosquillas fritas para celebrar lo de los frailes descalzos y pudieran las monjas tener postre ese día.

—Ya tenemos fraile y medio...

—¡Vamos a cantar una copla! –se le ocurrió decir a una en la recreación a cuenta de los frailes.

—¿Ahora a cantar? –dijo la hermana Alberta con un poco de fastidio–. ¡Mejor sería contemplar!

La madre Teresa miró a aquella monja, que había sido de las primeras en entrar en esta casa y que era de mucha oración, y se disgustó con lo que había dicho.

—Pues si es su gusto, váyase a la celda a contemplar y pídale a Dios que le enseñe a holgarse con todas cuando es menester, que harta falta le hace aprenderlo, pues mientras más santas más conversables se ha de ser con las hermanas –le dijo la priora un poco seria.

Y es que a ella no le gustaban nada esos estiramientos de algunas personas, que una cosa es tener oración y otra es no saber estar donde hay que estar.

Capítulo 26

Que dice de los dolores que trae consigo la maternidad y cómo la madre Teresa no fue nunca amiga de rigores extremos

Se dice que quien hace un cesto, hace ciento... Eso mismo se podía decir de la madre Teresa de Jesús, que hizo una fundación y luego le fueron saliendo otras muchas. Aunque nada de que salieran así, sin más ni más, una detrás de otra. No, no. Bien sabía ella que cada casa que se iba abriendo costaba su trabajo y sus dolores, como quien pare los hijos. Igual.

—Y luego del parto son otros dolores muy incomportables –dijo la mujer más vieja.

—¿Cuáles son ellos? –se interesó la moza.

—Cuáles han de ser: los de la crianza.

—¡Ah, claro!

—Que si llora, que si enflaquece, que si enferma...

—Cierto. Un estar en vilo es mientras se crían.

—Sí, porque hasta ver que van creciendo y que aprenden a andar no es poco trabajo.

—¿Y luego no hay más?

—¡Qué no ha de haber más! Después viene lo más recio.

—¿Y qué es ello?

—Pues qué ha de ser sino enseñarle el camino de la verdad y procurar que no se tuerza, no vaya a morirse de sed en un desierto...

—¡Ah! Pues muchos dolores son esos.

—En habiendo herida, ya se sabe...

Eran últimos de febrero y la tierra estaba húmeda y prieta. Una llanura extensa, sin árbol, sin flor, sin nada, pero faltando ojos para contemplar tanto horizonte. Esto era lo que veía la madre Teresa a lomos de su mula, que por cierto la montaba muy bien.

Ahora, en aquel viaje de vuelta a Ávila, se habían parado un poco a descansar y a comer algo a mitad de camino, un trozo de queso y algunos higos que quedaban en la barjuleta.

—¿Pero no vio, madre, qué cantidad de cruces tenían los frailes? –preguntó Antonia del Espíritu Santo, que la acompañaba.

—Sí, hija, sí las vi. Demasiadas cruces son esas... –dijo Teresa mientras se decidía a coger un trozo de pan duro.

—¿Y vio la de calaveras? ¿No es ello sino para llorar harto?

—Cosa de risa cierto que no es...

Antonia se dio cuenta de lo seria que iba la priora y de las pocas ganas que tenía de hablar. O tal vez solo iba cansada, que aún no estaba buena del todo por las cuartanas que cogieron todos en Valladolid. Y no digamos el capellán, que el pobre seguía tiritando, arrebujado en su capa, y decía que no quería comer, que no le entraba nada.

—Pues parece que no le gustó mucho el convento de los frailes de Duruelo –siguió diciendo Antonia después de un breve silencio.

—No digo yo eso, sino que me holgara más de ver algún tiesto con flores y algunos libros que no tanta penitencia.

—Cierto. Pero los hombres son así... que no tienen ellos esas finuras.

—Al cabo, hijos de Adán son todos –dijo la madre esbozando por fin una sonrisa.

Cuando hubieron terminado de comer, Teresa quiso estirar un poco las piernas y se fue sola, mientras Antonia se quedó recogiendo las cosas y fue a ver cómo seguía Julián, el fiel escudero, que estaba él muy acobardado desde que salieron de Valladolid.

El aire jugaba travieso con la capa y sacudía fuerte el velo negro. Teresa miró otra vez hacia la lejanía y dejó escapar un pequeño suspiro. Parecía haber pasado mucho tiempo desde aquel día que salieron de Ávila para fundar en Medina y resulta que no llegaban ni a dos años siquiera... ¡Ah, sí! Y cómo se habían ido multiplicando las casas: Ávila, Medina, Malagón, Valladolid... y la próxima Toledo.

Acababan de visitar la primera casa de frailes descalzos. Bastante prisa se dio en buscarla como se lo había prometido a fray Juan, no se fuera ir él a la Cartuja. Y ya, por fin, estaban asentados en aquel lugarejo, en espera de encontrar algo mejor... Pero no, tanto rigor no le había gustado. Que los rigores llevados a extremo no son camino de nada... Ya lo había visto ella en Alcalá, cuando se empeñaron en llevarla doña María de Mendoza y doña Leonor de Mascareñas a que pusiera un poco de orden en aquella casa fundada por María de Yepes, la beata granadina, de la que había aprendido ella a fundar en pobreza. ¡Dios mío, y qué desbarajuste encontró! Todo por ser el fundamento no la oración sino el rigor... Allí no había ni pies ni cabeza. Con razón el padre Báñez que allí se hallaba, porque parecía tener este bendito el don de estar siempre donde era menester su consejo, le dijo que no se entretuviera ella en casa ajena y siguiera fundando las que le encomendaran.

Esto era lo que temía ahora con los frailes, que acabaran mal. Bueno estaría, con lo mucho que le había costado esa fundación y el deseo que había puesto en ella...

—Pero, ¿a quién se le ocurre, padre Antonio, ir descalzos de pie y pierna con estos hielos? –le había dicho enojada al prior.

Pero este luego se rió y dijo que esas cosas eran menudencias de las que no había de espantarse, que bien contento estaba él con todo aquello, asegurando que ni sentía el frío ni sentía los pies.

—Como si pisara una alfombra –le dijo.

Este fanfarroneo no le cayó a ella en gracia. Pues bien sabía que en el fondo, al verla mujer, la creían más flaca y pensaban que esta misma flaqueza era la causa de quererles detener en las penitencias. Por eso no le gustó que se hubiera reído el fraile, porque iba en esto muy errado y daba muestras de no saber que al espíritu no se le puede ahogar ni llevar por estrechuras.

A fray Juan no le riñó tanto, pues sabía que se le acabaría pasando, pero también le fue a la mano y le recordó el estilo de hermandad y recreación que había aprendido él con las monjas de Valladolid, que para eso lo había llevado con ella a esta fundación, para que viera que el Carmelo no era la Cartuja.

—Ya se lo dije, que todo ha de ser con más suavidad. Que soy amiga de apretar en las virtudes y no en el rigor –le había dicho también.

Y fray Juan no se rió, sino que se quedó muy serio, con los ojos bajos, y empezó a hablarle de unos hervores que tenía él en el pecho y que no lo podían apagar aquellos hielos que sufrían por las mañanas cuando iban a predicar. Y también le contó de otras cosas del alma muy subidas. Y al final le dijo que estaba bien allí, que ya no se acordaba de la Cartuja.

—¡Bendito sea Dios! –suspiró ella al oírle decir esto.

No tardó Antonia en sacarla de sus pensamientos para proseguir el camino montadas en las mulas.

Cuando después llegaron a Ávila hicieron gran fiesta las monjas, porque ya era la ausencia de ocho meses y se les había hecho muy larga. Luego eran todo preguntas y risas y recuerdos.

En las recreaciones les contaba de las otras casas.

—En Malagón son más de trece, por ser monasterio con renta y estar muy apartadas, que aunque yo me resistí de fundar en aquel lugar, el padre Báñez aconsejó que más valía tener otro convento, aunque fuese sin pobreza, que no tenerlo...

—Cuente, madre, lo de las muchachas... –le dijo entonces Antonia.

—¡Ah, sí!

Y les siguió diciendo cómo habían concertado el que fuera una mujer muy devota, a la que el convento le daba de comer, para que enseñara de balde a muchachas pobres a hacer labores y con este achaque les fuera enseñando doctrina y a servir al Señor. Que mucha necesidad había de ello en el pueblo.

También habló, cómo no, de su padre Pablo Hernández, de la Compañía de Jesús, que tanto le había ayudado y que era el que había concertado la próxima fundación en Toledo.

—Tan santo es, que bien se le puede llamar *«padre eterno»* –les dijo.

De Valladolid les habló de las fiebres que pasaron por ser la finca de don Bernardino harto insana y que hubieron de irse todas malas al palacio de doña María hasta que esta les encontrara casa nueva.

—Lo principal es que don Bernardino tenga ya la gloria segura por este servicio a la Virgen, que solo esto ya pesa más que todos los pecados –dijo ella defendiendo al que fuera la oveja negra de los Mendoza, que poco ha que murió.

—¿Y los frailes, madre? ¿Cómo están ellos?

—Harto bien hacen por aquellos alrededores con su predicación y enseñanza –contestó.

—Y bien pobres que viven, que no cualquier espíritu sufre aquello –añadió la hermana Antonia.

—Cierto es eso. Ahora no hay que dejar de encomendarlos muy mucho para que vayan adelante y haya otros que les sigan.

—Y lo de las cruces... ¡Hartas cruces y calaveras tienen allí! Que estábamos todos encogidos –volvió a recordar la compañera.

—Demasiadas cruces son esas. Demasiadas... ¡Y no me las recuerde más, hija, que no es ello menester! –dijo la priora un poco seria.

Capítulo 27

Habla de la fundación de Toledo y cómo el Señor va haciendo su obra, valiéndose Él a veces de los más pobres, para poner de manifiesto que es su gran misericordia y no nuestras industrias humanas la que allana los caminos

Después de algunos días en que hubo de arreglar algunos negocios en Ávila, la madre Teresa, acompañada ahora de Isabel de Santo Domingo y de su sobrina, Isabel de San Pablo, partieron hacia Toledo, yendo con ellas de capellán Gonzalo de Aranda en esta ocasión, pues Julián aún se sentía muy flaco para viajar y con gran pena se quedó.

—¡Anda, que de estar yo bueno me iba a quedar aquí...! –decía el capellán con harta resignación.

En la casa de doña Luisa de la Cerda fueron muy bien recibidas y salió toda la familia y las doncellas y la servidumbre a ver a las monjas, pues bien se acordaban todos de aquellos seis meses que la madre había vivido allí, cuando aún no sonaba tanto el nombre de Teresa de Jesús. Y luego otra vez, cuando pasó para ir a Malagón.

Ella tenía cumplidos para todos y mucho se alegraba de volver a verlos. Pero a María de Salazar casi no la reconoció por lo galana y peripuesta que iba.

—Mucho me holgara de verla si no llevara tantos arreos encima... ¡Válgame Dios, si no parece la misma! –le dijo a la doncella, que al punto se arreboló toda.

Y después de los saludos, nada más de asentarse en la casa, se concertó presto una visita con el hermano de Martín Ramírez, que en paz descanse y en gloria esté.

—¡Vamos, vamos...! Que lo primero es lo primero –dijo Teresa, que no era de perder el tiempo.

Dicho Martín era hombre devoto y soltero, dirigido del padre Pablo Hernández, el cual, viendo las intenciones del moribundo de usar de su hacienda para una obra del servicio de Dios, le aconsejó traer descalzas de la madre Teresa a esta ciudad. Y así lo dejó escrito el difunto para que su hermano lo llevara a cabo.

Pero resultó que el hermano, don Alonso, se sentía ya viejo y cobarde y sin ganas de meterse en negocios de tal índole.

—Estoy ya muy ruin, madre, y no hay cabeza para tanto. Mi yerno le irá diciendo; lo que diga estará bien. Entiéndase con él en esto de la fundación.

Lo malo es que el dicho yerno, Diego Ortiz, resultó ser hombre terco y pendenciero, que no se venía a razón ni a la de tres. De estas personas con una idea fija de la que no se menean, sin querer ver otra cosa que lo que tienen entre ceja y ceja. Muy cerrado de mente.

—Que a mí no me engaña nadie, ¿eh? ¡Y menos una monja! –repetía el yerno a las condiciones que se le ponían.

Tanta fue la terquedad que vino todo a desconcertarse, porque la madre Teresa no podía ceder en lo que él le proponía.

—¡Pues váyase vuestra merced por donde vino, que no es menester hacer convento en lugar como este, que conventos y monjas es lo que nos sobran...! –le dijo un día Diego, negándole la herencia de Martín Ramírez de muy malas maneras.

Teresa no podía creer lo que estaba pasando, pero con mucha dignidad dijo ella que no era menester ayuda de nadie para fundar allí y se volvió dejando plantado al yerno de don Alonso, que se quedó diciendo que a él no le engañaba nadie, ¿eh? ¡Y menos una monja!

—¿Y qué haremos ahora? ¿Nos volveremos a Ávila? –preguntaron las otras dos monjas al enterarse de lo acaecido.

—¿Volvernos sin fundar? ¡De ninguna manera! Mucha afrenta sería esa. Ahora precisamente que estamos sin nada tengo la seguridad de que todo irá bien. ¡Nos quedamos!

Esa noche Teresa no durmió. Todas las puertas parecían cerrarse: ni dineros ni casa ni licencias, que ya llevaban dos meses entre las contiendas del gobernador eclesiástico y el consejo... Se dice pronto, dos meses con sus días y sus noches. No, no podían seguir así. Había que obtener las licencias como fuese y luego vendría lo demás, la casa, el dinero... Ahora, eso sí, ya no estaba dispuesta a negociar las cosas con intermediarios, que ya veía ella que estos poco podían o poco querían. A la mañana siguiente iría a ver al que era vicario, pues sabido es de toda la cristiandad que en aquel tiempo era Toledo sede vacante por estar el obispo don Bartolomé de Carranza procesado por la santa Inquisición, con gran escándalo de la gente.

Así fue, que en amaneciendo Dios le dijo a Isabel de Santo Domingo que la acompañara y a la otra Isabel que se quedara rezando, que no habían de volver allí sin las debidas licencias.

—Pues ya nos podía ayudar más doña Luisa, que tanta influencia tiene... Poco demuestra lo que dice que la quiere –dijo esta última.

—No hay que echar en duda lo cristianísima que es esta señora, hija. Pero al cabo muchos títulos tiene en su haber y mucho linaje. Demasiados, diría yo... Y estos son los mayores estorbos. Son los puntillos de honra que tiene el mundo, que como los fundadores que nos han traído no son caballeros, es para ella un afrenta el entrometerse en este asunto con gente más baja de su estado. Pero poco se nos ha de dar a nosotras de estas leyes del mundo, que son desatino. Nosotras no hemos de ser estimadas por linajes, sino por virtudes.

Por su parte, a don Gómez Tello, el gobernador de la diócesis, ya le caían grandes todos los nombramientos que tenía sobre sus hombros. Se sentía cansado de bregar con unos y con otros, de tomar responsabilidades, de enfrentarse una y otra vez con los del Consejo... No, ya no era el mismo que cuando empezó a gobernar. Él pensaba haber visto de todo en esta vida desde que se llevaran apresado al arzobispo, pero aún le faltaba algo por ver. Algo con lo que no contaba aquel día: una monja a rostro descubierto cantándole las cuatro verdades.

—Soy Teresa de Jesús –dijo ella mirándole a los ojos directamente cuando estuvo frente a él.

Y al oírse ella decir su nombre se desvanecieron todos los miedos que llevaba. Una vez más sintió crecer en sí el coraje y el orgullo de ser mujer peleando por su Señor.

—¿Qué desea? –preguntó él como de mala gana, un tanto nervioso.

—He venido a hablarle, pues ya no es menester intermediario para decirle que es cosa recia que hay quien quiera vivir en tanta perfección y que los que no pasan nada de ello, sino que se están en regalos, quieran estorbar obras de tanto servicio de nuestro Señor.

Ante tal osadía don Gómez no supo qué responder ni dónde meterse.

—Ya sabe, el Consejo no está de acuerdo en que se haga esa fundación... –respondió él.

—¡Allá se las hayan vuestras señorías con sus bandos y divisiones! Harta pena es que los defensores de la Iglesia no vivan lo que prediquen. Así nos ha de ir si no nos hacemos espaldas unos a otros... –dijo con mucha determinación y amargura.

—El problema, madre Teresa, son los nombres de esas personas, que no son cristianos viejos... Si no fueran señalados, todo sería más fácil –dijo él rendido.

—Poco se me da a mí que aparezcan dichos nombres, pues nada tengo que ver ya con ellos. Yo solo sirvo a un Señor pobre y herido y despreciado de este mundo.

Don Gómez Tello, al enterarse de que se les había negado la herencia, preguntó que cómo se las iba a arreglar sin dinero.

—Los dineros son los que menos me importan a mí para fundar. Sepa que estas casas las va abriendo nuestro Señor y ya sabrá él lo que hace.

El gobernador acabó firmando las licencias mientras le temblaba el pulso, y cuando la monja se fue se quedó él quieto en su asiento, sin hacer nada, tamborileando los dedos sobre la mesa. Presagiaba mal tiempo para los próximos días, alguna tormenta iba a estallar y él ya no estaba para sufrir ningún aguacero... Lo mejor sería ausentarse de Toledo hasta que escampara. Sí, eso es lo que haría.

En cambio la madre Teresa salió de allí muy contenta con las licencias. Lo primero es lo primero, y ya lo tenían. Ahora había que buscar una casa. Que esa era otra, por más que se había buscado, nadie encontraba una casa en todo Toledo para poderla alquilar. Cuando por la noche en la recreación dijo a sus dos monjas que estaba pensando en llamar al muchacho que les recomendó fray Martín para que las ayudara, las dos Isabeles se echaron a reír de muy buena gana, porque recordaban a un mancebo harto pobre, con muy mal atuendo y no sabían cómo las podría ayudar alguien así.

—Más ayuda necesita él que nosotras, que algún remiendo que le hiciéramos no le vendría mal –decían.

—Si en ciudad tan caudalosa los altos señores no nos han de favorecer, tal vez por ventura Dios se sirva de este estudiante –dijo Teresa pensativa.

Pero las otras dos se miraban y se reían porque se acordaban del muchacho y pensaban que la madre les hablaba en broma. Teresa se holgó mucho de que se rieran las hermanas, aunque no les hizo caso.

—Ríanse ellas todo lo que quieran. Pero, díganme ¿qué parecemos nosotras sino unas romericas? –les dijo riéndose también mientras se miraba los zurcidos del hábito.

Cuando Alonso Andrada se presentó al día siguiente por segunda vez, la madre lo vio con la misma ropa que la primera: un juboncillo bien raído y sucio, el cabello revuelto, el rostro de pasar no poca hambre y el dedo gordo del pie viéndosele por un agujero de la bota.

—Aquí estoy yo para servirles a vuestras mercedes en lo que me manden –le dijo el muchacho con mucha disponibilidad y contento.

—Y digo yo, ¿con qué cuenta vuestra merced para ayudarnos? –empezó preguntándole ella.

—Contar, lo que se dice contar..., le juro que no cuento nada aparte de las chinches de mi jergón..., pero ni blanca ni títulos ni influencias... Ya lo sabe, solo con mi persona les habré de servir de muy buena gana.

Teresa se espantó de ver tan linda disposición y tanto ánimo. Le habló entonces de la necesidad de encontrar una casa para alquilarla.

—¡Bien fácil es eso! En cuanto la tenga le traigo las llaves y les ayudo a llevar el ajuar que tengan.

Ella no le dijo que ya otros habían recorrido la ciudad sin encontrar nada. Y así lo vio marchar, con una seguridad que pasmaba.

Y fue precisamente por este estudiante bien pobre como hallaron al fin una casa y con unos dineros prestados por una criada de doña Luisa pudieron alquilarla y pasarse a ella. Y para todos los señores de este mundo fue gran confusión el que se fundara aquel monasterio con la sola ayuda de los más pobres de esta ciudad imperial, en aquella mañana del catorce de mayo de mil quinientos sesenta y nueve.

Luego, sí, arreció dura la tormenta, como presagió don Gómez Tello, y se enfurecieron harto con él los del Consejo por lo de las licencias. Y también la dueña de la casa puso el grito en el cielo, que no sabía ella que la había alquilado para ser convento. Y hasta las inquilinas que vivían al lado, que fueron levantadas a media noche porque abrieron los albañiles un boquete donde ellas muy descuidadas dormían... y todo por las prisas que tenía la madre Teresa, que siempre habían de hacerse estas cosas de noche.

—¡El fin del mundo! ¡El fin del mundo! ¡Misericordia, Dios mío! ¡Tened misericordia! –comenzaron a gritar despavoridas las vecinas mientras daban saltos en ropas de dormir.

Entre los albañiles y las monjas lograron aplacarlas y convencerlas de que el mundo no se acababa aún.

—¡Tranquilícense, por Dios se lo pido! –les decía Teresa–. ¡Sosiéguense vuestras mercedes! Hemos alquilado la casa de al lado y se ha tirado este tabique para hacer un nuevo convento. El mundo no se acaba, por ahora...

—¿Para hacer un convento? ¡Esto es para denunciar a la justicia, señora! –decían después, tratándose de tapar con las sábanas lo más que podían–. ¡Levantarnos así, a fuerza de golpes! ¡Qué avasallamiento! ¡Qué atropello! ¡Ni el fin del mundo había de asustarnos tanto!

Pero pasados los truenos llegó la calma y los que habían puesto tanto impedimento se trocaron en bienhechores, que así lo hizo Dios como él bien sabe.

Cuando ya la madre Teresa se disponía a partir para Pastrana a fundar también allí, que este fue el antojo de una parienta de doña Luisa, casada con el príncipe de Éboli, una mujer que le pareció a Teresa orgullosa, intrigante y demasiado ligera de cascos, fue cuando llegó corriendo a despedirse de ella María de Salazar, la doncella de doña Luisa.

—¿Por qué me riñe tanto cuando me ve con galas? –preguntó la muchacha mientras se le encendía el rostro–. ¿Acaso está vuestra merced enojada conmigo?

Teresa se echó a reír.

—No. No estoy enojada. Y si la riño es por lo mucho que la quiero. Que no son trazas esas, hija, para ser monja.

Entonces María, sorprendida en sus deseos más íntimos, le confesó que desde que la conociera se había aficionado mucho a la oración. Y la madre se mostró más tierna con ella y le dijo que la esperaba, que no se tardara mucho.

—Ande, tome esas coplillas mías, que como es también poetisa se holgará con ellas.

María, cuando estuvo a solas, leyó el papel:

Vuestra soy, para Vos nací:
¿Qué mandáis hacer de mí?

Soberana Majestad,
eterna Sabiduría,
bondad buena al alma mía;
Dios, Alteza, un Ser, Bondad:
la gran vileza mirad
que hoy os canta amor así:
¿Qué mandáis hacer de mí?

Vuestra soy, pues me criasteis,
vuestra, pues me redimisteis,
vuestra, pues que me sufristeis
vuestra, pues que me llamasteis,
vuestra, porque me esperasteis,
vuestra, pues no me perdí:
¿Qué mandáis hacer de mí?

Capítulo 28

Habla de cómo los miedos en una noche de ánimas no dejaban dormir a una monja

Otra aventura fue la que se corrió en Salamanca. Ya mucha experiencia tenía la madre Teresa de Jesús de que solo Dios bastaba para tan grandes cosas como estaban acaeciendo en su vida. Por eso no se turbó demasiado cuando, recién llegada a esta ciudad, se encontró con Nicolás Gutiérrez, un mercader amigo, todo apurado el hombre, dando la noticia de que no había manera de echar a los estudiantes de la casa que ya estaba alquilada para la nueva fundación.

—Pierda cuidado vuestra merced, que para Dios no hay nada imposible –dijo ella tranquila.

—Sí, sí... Pero tenían que ver lo recio que están ellos. Dicen que si no es la justicia nadie los podrá sacar de allí. Que le digo yo, madre, que esos estudiantes están más bravos que una manada de toros... Y hartos improperios me he ganado ya de balde.

—Dejemos a la justicia, que no es menester meter mucho ruido. Vuestra merced ha de ir con la confianza puesta en el Señor. Y le digo yo que esta noche misma hemos de estar nosotras en esa casa.

El caso es que con estas y otras consideraciones de la fundadora se tornó el bueno de Nicolás a la casa para ver que Dios obra maravillas si le dejamos hacer, al menos eso decía Teresa de Jesús. Y así iba este por el camino, con la disposición de quien va a que le corten la cabeza por Cristo, que por tener él varias hijas descalzas hacía todo aquello y bien sabía la madre que no había nadie más a propósito.

Mientras, ella y la otra compañera se fueron a comprar algo de aparejo para la iglesia, aunque bien poco era el dinero, como siempre solía.

—Y digo yo, madre, ¿cuántos serán los estudiantes que se están en la casa? –preguntaba María del Sacramento mientras buscaban unos cuadros.

—¿Y a nosotras qué nos va si son cinco o son veinte? –decía la priora contemplando maravillada las pinturas que tenía delante.

Pero cómo iba a dar lo mismo una cosa que otra, pensaba María.

Entretanto se personó el padre Martín, rector que era de la Compañía de Jesús, cuando ya las monjas estaban de vuelta en la posada con los cuadros que habían comprado. Y la madre Teresa se holgó mucho en conocerlo, pues era él quien le había escrito e importunado mucho para que se fundara en Salamanca. Cargado llegó de ajuar para la sacristía y poniéndose él y sus compañeros jesuitas a disposición de las monjas, que allí estaban ellos para lo que fuese menester.

—¿Y cuándo se mudan a la casa? –se interesó el padre Martín.

—Esta misma noche, si Dios quiere... –dijo la fundadora.

—Y si se van los estudiantes... –apuntó María del Sacramento.

El padre Martín se informó de qué era lo que pasaba, pero le dijo la madre que ya se estaba arreglando todo por medio de un amigo suyo.

—Harto enfurecidos están... –volvió a decir María dirigiéndose al jesuita.

—Bueno, hermana, pero si ya están desalojando la casa, pues todo saldrá bien... –quiso tranquilizarla él.

—¡Bravos! ¡Como toros bravos son, padre! –insistía ella, haciendo reír a los otros dos por el miedo que tenía de unos estudiantes.

El rector mostró su complacencia a la madre por ser la fundación algo muy conveniente en una ciudad como aquella. Y mientras hablaba, a Teresa le gustó mucho su trato viendo que era un alma de Dios, y supo al momento que muy bien la comprendería este padre a ella. Y dio gracias a Dios de ponerle siempre en el camino a gente tan santa y tan docta.

Era ya anochecido cuando llegó Nicolás a la posada harto fatigado, como quien viene de pelear con demonios, y de esta guisa se dejó caer en un poyo de piedra que allí había.

—¡Albricias! Ya los pude echar... –dijo cuando cobró algo de huelgo.

—¿No ve que con confianza todo se puede? –le dijo Teresa–. ¡Ea! Pues, vamos para allá, que buena noche es la que nos espera.

Y era verdad que fue una buena noche de no parar en toda ella. Allí estaban las dos monjas trajinando y fregoteando, que lindo habían dejado los estudiantes todo aquello.

—Tanta suciedad, le digo yo que es por venganza, por pura venganza –decía María del Sacramento mientras sacudía telas de araña de un sitio y de otro.

—Anda, anda... No me haga reír. Que esta inmundicia ya viene de atrás, hija. Mucha habilidad iba a ser hacerla en un solo día. Y que son así los hombres, que no tienen curiosidad ellos para cosas de limpieza.

El padre Martín, en cuanto le advirtieron de la mudanza, mandó a dos hermanos que les ayudasen y estos fueron a su vez en busca de un oficial y de un carpintero llamado Pedro, que sudores les costó hacerle salir de su casa a esas horas y, hasta que no se informó bien que era para hacer convento a unas monjas, no dio su brazo a torcer. Luego ya sí, que aquello era obra de caridad y, bueno, porque uno es cristiano y guarda respeto a las cosas de Dios, que sino... ¡maldita la gracia de estar allí a las cuatro de la mañana!

—¡Pues yo no sé por qué esto no se puede hacer a otras horas! –replicaba Pedro desde lo alto de una escalera, martillo en mano.

—Estas cosas han de hacerse de noche –contestaba Teresa, que estaba de rodillas sacando luz al suelo–. Sin ruido han de ser, porque así, de noche, nació nuestro Salvador...

—¡Ah... si es por eso! –decía el carpintero mientras seguía con su tarea.

—Y también porque la luna es testigo discreto... –reconocía ella, sin que la oyeran, mientras volvía a aclarar el trapo en el agua, que bien sucia estaba ya.

Al día siguiente, que era de Todos los Santos, se tocó la campana y ya tenía la madre Teresa su fundación en Salamanca.

Había sido aquel viaje con tanta descomodidad por los fríos y el barro y las aguas tan crecidas que hubieron de cruzar para luego ir a parar a aquella posada, que ya se saben cómo son las posadas... Y luego el trajín de la noche anterior... Que muy presto se fueron a descansar aquel día.

Pero María del Sacramento hubo antes de mirar por todo sitio, abriendo puertas por aquí y por allá, porque había muchos desvanes. Y ahora levantaba una manta como si esperase encontrar algo y luego se asomaba por un hueco de la escalera y hasta estuvo mirando dentro de una jofaina... La madre la veía hacer espantada.

—¡Ay, hija! Pero qué desasosiego es este que encogida me tiene de solo mirarla.

—Mire, madre, si por ventura se hubiera escondido algún estudiante por darnos un susto... Ya lo dijo don Nicolás, que estaban bravos, ¡bravos como toros!

—Soliviantada la tienen esos dichosos estudiantes y soliviantada me va a poner a mí. Y le digo que deje de pensar en ellos y de mirar y remirar por todos lados, que aquí, en esta pieza, no puede entrar nadie, pues bien cerrada la tenemos.

Como algo seria se puso la madre, María obedeció y se tendió en un jergón dispuesta a dormir.

Cuando apagaron la vela y se quedaron a oscuras, presto principiaron a oírse los ruidos que trae consigo la noche: el crujir de la madera, el traqueteo de una ventana, el silbido del viento entrando por una rendija, los pasos de un gato sobre las tejas...

Teresa recordó que tal noche como esta, que era la de Ánimas, salió de la casa paterna para ir al monasterio. Qué de tiempo había pasado... Y qué de cosas habían acaecido. Ahora se acordaba más de don Alonso, su padre, del dolor que sintió cuando ella se fue; comprendía ahora por experiencia ese desgarro de los hijos que no se pueden retener para siempre, pero que siguen cosidos al corazón. Y era lo que más le dolía a ella, tener que dejar a sus monjas en las fundaciones que iban haciéndose, tener que separarse de ellas... Mentira le parecía ahora tener siete conventos de descalzas... Y comenzaron a pasar por su corazón todas esas hijas que le habían ido llegando.

Ay, cómo estarían las de Ávila, que las tenía muy abandonadas... Solo las veía de visita...

—Madre, ¿no oye algo? –preguntó María en ese momento.

—Es el viento –contestó ella.

—¡Ah!

Y cómo seguirían las de Medina con el dichoso Simón Ruiz, que con lo mucho que las ayudó en un principio, ahora no hacía más que meterse donde no le llamaban, queriéndolo disponer todo en el convento como cosa suya. Con razón temía ella a estos deudos y cómo convenía estar bien desasidas de ellos.

Las de Pastrana sí que la preocupaban muy de veras. Allá las pobres, con la cabeza loca de la princesa de Éboli... ¡sabe Dios cómo acabaría todo aquello! Daba por perdida hace tiempo aquella fundación. Menos mal que confiaba enteramente en la priora que había puesto...

Y luego estaban los frailes... ¡Bendito sea Dios! Después que fray Juan y fray Antonio se habían corregido muy mucho y no llevaran ya vida de tantos extremos como los primeros tiempos, ahora estos de Pastrana se ponían a ser los más penitentes de la cristiandad. Que por qué será la discreción virtud tan poco conocida, se preguntaba.

—Madre... –llamó otra vez María muy por lo bajo.

—¿Qué quiere?

—No, nada; que no sabía si aún estaba dormida.

—Pues poco me faltaba...

—¡Ah!

En Malagón iban bien las cosas... A ver si doña Luisa se apresuraba en lo del convento nuevo... Y no es que dudara ella del gran amor que las tenía, pero estos señores con tanto linaje, como se están harto aposentados en sus palacios y bien regalados, no hacen memoria del desacomodo de unas pobres monjas... ¡Ay! Harto se alegró de la entrada de María de Salazar en esta casa, que era ella de mucho valer.

—¿No oye las campanas doblar, madre?

—¡Ay, qué desasosiego me trae! ¿Es que no se va a dormir de una vez?

—No puedo.

—¿Por qué?

—Estoy pensando que qué haría si yo me muriese ahora...

Teresa abrió los ojos en la oscuridad. El viento seguía soplando y traía el sonido de las campanas en esa noche de Ánimas... La verdad es que siempre le dieron miedo los cuerpos muertos. Y también verdad es que nunca se sabe cuándo va a ser la hora postrera... Y hay que ver cómo trabaja la imaginación para fabricar historias que nunca ocurren...

—Mire, hermana, si ha de pasar eso, que ella se me muera, ya veré qué hago en el momento. Ahora déjeme dormir. Por amor de Dios se lo suplico –dijo la madre, sacudiendo con determinación los temblores que le habían apretado en considerar el hecho.

Entonces María no osó ya bullirse ni preguntar nada. Como era grande el cansancio, presto se durmieron las dos en aquella casona llena de duendes.

Capítulo 29

Que dice de cómo la madre Teresa fue de priora a La Encarnación y se estuvo allí hasta arreglar un huertecillo muy abandonado con la ayuda de un hortelano que ella contrató. Habla también de la gracia del matrimonio espiritual, que es muy alto estado

Todos los enojos, los enfurecimientos, las afrentas, los denuestos, los oprobios. Todas las palabras descompuestas, injuriosas, licenciosas. Todos los rencores, los gruñidos, los alborotos, los empellones... Los rostros iracundos, encendidos, encorajinados... Y en fin, toda clase de inmundicia y fealdad y desacato parecían haberse ayuntado aquel día en el monasterio de La Encarnación.

—No parece esta batería cosa propia de monjas, sino de soldados armados defendiendo una ciudad –dijo un caballero en medio de aquel griterío que se oía en toda Ávila.

—Razón no les falta, que les quitan su derecho a votar –contestó Teresa entre sí, mientras se abrazaba a su san José, tranquila, como si nada fuera con ella.

No. No se escandalizaba de la resistencia de las monjas de La Encarnación a que les impusieran una priora, más escándalo le producía todo lo que había urdido en esto el padre provincial, que bien sabía ella que nunca la había mirado con buenos ojos y que la quería atar corto y poner en término que quien mandaba era él, como pasó en Medina, cuando la expulsó de su propio convento y la hizo ponerse en viaje a boca de noche, con salud tan quebrantada, y venirse a Ávila. Ya se veía claro que ahora lo que perseguía era quitarla de en medio, que no se hicieran más fundaciones de descalzas, aun en contra del padre general, y así había convencido al visitador con sus artimañas de que convenía que ella fuera la priora de La Encarnación para retenerla quisiera o no quisiera... ¡Dios bendito!

—Me parece desatino volver allí para ser prelada de quienes no me han dado su voto –le había dicho ella al padre Pedro Fernández, el visitador.

Aunque resistió lo que pudo, no hubo remedio. Y menos lo había de haber cuando entendió en la oración que el mismo Señor también lo quería.

Y es que a veces pasa que aprovecha Dios la terquedad y la cerrazón e incluso las no muy rectas intenciones de los hombres para hacer su obra, y luego, por estos medios que disparates parecen, resulta que se lleva a cabo el cumplimiento de su santa voluntad.

Sería por ello que no se puso el sol aquel día sin que antes se aplacasen los ánimos y las monjas dieran la obediencia a la madre Teresa, que al fin, hija era de la casa.

Cierto era que el monasterio parecía una babilonia sin orden ni observancia, pero ni un pelo tenía de tonta la nueva priora, impuesta a la fuerza, como para empezar con ínfulas de no sé qué o ir por los claustros con la nariz alta como diciendo: aquí estoy yo. Que así sabía no había de ganar esta batalla sino con muchas muestras de regalarlas a todas y de remediar tanta necesidad como allí había, tratando de ser amada para luego ser obedecida.

Así, cuando todas se sosegaron y las aguas volvieron a su cauce, con mucha destreza y mucho artificio, fue gobernándolo todo. Igual que se desclavan las ventanas que se cierran en una casa por causa de alguna peste para que, pasado el peligro, entre luego el sol y el aire y se pueda orear, fue quitando ella muchos estorbos e impedimentos por los que había de colarse Dios y aposentarse en aquellas almas.

Por eso un día hubo de enfrentarse ella a cierto caballero que se le encaró muy descomedido porque no le dejaba ver a una monja que todos los días había de visitar.

—Ya son acabados en esta casa los entretenimientos; se los habrá de buscar vuestra merced en otra parte. Que yo le aseguro que si vuelve a poner los pies en el umbral del monasterio tendremos cuentas con la justicia y hasta con el rey si fuere menester.

El caballero, al ver a la prelada con tanto señorío y gravedad, se fue temblando como un azogado.

—Y comience a echar voz entre todos los que suelen venir aquí, diciéndoles que ya se acabaron todas las conversaciones y vanidades, que somos monjas y a nuestro Señor nos dedicamos –le dijo Teresa antes que él llegara a la puerta.

La comunidad, por su parte, estaba cada vez con más contento, pues la nueva priora era de estas personas que a fuerza de trabajos aprenden la extraña habilidad de tornar la desgracia en bendición.

De todas formas necesitaba la madre una mano experta que la ayudara en aquel huerto. Alguien que supiera cierto qué tiempos son los de la poda y cómo desbrozar la tierra, proteger las plantas tiernas sin troncharlas y enderezar con suavidad las que iban torcidas... Alguien que regara con paciencia y quitara tanta maleza como había crecido, que supiera de simientes y de tiempos y de lunas. Alguien que no desesperara por la dureza de la tierra y entendiera de abonos y supiera esperar y no tener por imposible que aquel huerto, que parecía no tener remedio, podía criar flores.

Y por esta necesidad que tenía se puso a buscar ella un buen hortelano, el mejor que hubiera... Y no paró hasta dar con él.

Cierto día apareció aquel fraile pequeño con hábito de descalzo, llamado fray Juan de la Cruz. Él iba a ser con su palabra el remediador del huertecillo de cada monja, el que cada una tenía plantado en su corazón.

—Sepan que les traigo por confesor a un santo –les dijo la madre Teresa aquel día en capítulo.

Es que para esto de las almas se necesita lo mismo que para las plantas: buena mano. Y fray Juan la tenía, aunque su persona no tuviera apariencia de nada. Y aunque al principio las monjas no lo querían, luego, más tarde, acabaron yendo con él porque se cercioraron ellas de que era muy enseñador de la virtud y que tenía gracia en consolar a los que le trataban. Se ponía él entonces a regalar a unas y a otras unos billeticos escritos de su propia mano:

«El alma enamorada es alma blanda, mansa, humilde y paciente», le escribía a una.

«No te conocía yo a ti, oh Señor mío, porque todavía quería saber y gustar cosas», le escribía a otra.

«Éntrese en su seno y trabaje en presencia del Esposo, que siempre está presente, queriéndola bien», seguía escribiendo.

Pues como estos, otros muchos escribía. Y se iba cada monja con su regalo a su celda y le daba vueltas y vueltas a las palabras de fray Juan y parecía que se le iba calentando el corazón y que el alma se iba enamorando poco a poco de su Dios, asiéndose a Él.

Por eso, pasado un largo y crudo invierno, habiendo sido desclavados esos impedimentos para que entrara el sol y el aire en el monasterio, comenzó a reverdecer la primavera, una primavera que daba flores y frutos de virtudes. Teresa ya se holgaba de ver huerto tan florecido, pero también había ratos en que no se sentía ella tan animosa sino cobarde y flaca, que es propio de la condición humana el no estar siempre en un ser. La veían las monjas que andaba muchas veces con harto recogimiento y muy embebida en la oración, pues allí, con el Señor, eran todos sus consuelos.

—Bien sabéis Vos, mi Dios –decía ella en la oración–, que entre todas mis miserias nunca dejé de conocer vuestro gran poder y misericordia. Válgame, Señor, esto en que no os he ofendido. Recuperad, Dios mío, el tiempo perdido con darme gracia en el presente y porvenir, para que parezca delante de Vos con vestiduras de bodas, pues, si queréis, podéis...

Y sí, había de ser en aquella casa, donde bien presente estaban tantos recuerdos de su vida pasada, sus muchos pecados y también aquellos encuentros, aquel volver a la fuente, aquellas heridas de amor... Allí había de ser precisamente donde Dios le concediera, en aquella octava de san Martín, una gracia tan grande después de comulgar.

—Me ha hecho tanta operación esta merced, que no podía caber en mí...

Fray Juan calló al otro lado de la celosía. Era todo oídos.

—Se me representó como otras veces, muy en lo interior, y me dio su mano derecha y... –dijo Teresa callándose de pronto, como recordando.

—¿Y? –se atrevió a decir el fraile después de un silencio.

—Me dijo: *Mira este clavo, que es señal que serás mi esposa desde hoy; hasta ahora no lo habías merecido; de aquí adelante, no solo como Criador y como Rey y tu Dios mirarás mi honra, sino como verdadera esposa mía: mi honra es tuya y la tuya mía.*

Como la madre calló de nuevo para tomar huelgo, el confesor siguió tímidamente preguntando:

—¿Qué efectos ha tenido en su alma?

—Quedé como desatinada, y dije al Señor que o ensanchase mi bajeza o no me hiciese tanta merced; porque, cierto, no me parecía lo podría sufrir el natural. He sentido después gran provecho y mayor confusión y afligimiento de ver que no sirvo en nada tan grandes mercedes...

Y después del tiempo de un Credo en el que callaron los dos, empezó el fraile a hablar del libro de los Cantares y a decir cosas muy encendidas sobre el amor de Cristo y cómo se desposa con el alma, y se estuvieron luego uno y otra haciendo comparanzas de dicho estado.

—Es como el fuego y el leño, haciéndose una sola cosa... –decía él.

—O como el agua de lluvia cuando se junta con el mar, que ya no se sabe cuál es una y cuál es otra... –añadía la madre.

—O como hacer entre el alma y Cristo una guirnalda entretejida que ya no se puede destrenzar...

—O como juntar dos velas y hacer una sola llama...

—O como la tortolica cuando ya se asienta en ramo verde junto a su consorte...

—O como la señal que hace un sello en la cera blanda que ya no se borra...

—O...

—¿Cómo?

—No, nada...

Y así se estuvieron mucho rato en silencio, porque sabía la madre Teresa que con este padre no se podía hablar del amor de Dios, que luego se trasponía y hacía trasponer.

—Pues habrá de escribir estas cosas algún día –dijo ella al tiempo ya de irse.

—¿Yo? No, mejor habré de callar y obrar...

—No quita lo uno para lo otro –insistió la priora.

—Poco tiempo hay para escribir.

—De la noche hurto yo muchas horas.

—Sería menester entonces una noche muy larga...

—Pues el Señor se la dará si es menester.

Capítulo 30

Que habla de las noches en las que somos perdidos y solo el fiar del Señor nos libra de los miedos que nos atenazan. Dice también de cómo se ha de contar todo lo que Dios va haciendo y que importa mucho el tiempo que se emplea en ello, porque es como prestar a Su Majestad la pluma

Las descalzas, por la parte que les tocaba, reclamaban a la fundadora y deseaban que saliera ya de La Encarnación y visitara sus conventos, pues solucionar las cosas con carta va y carta viene no es lo mismo que hablarles de frente.

Así, después de muchas insistencias en procurarlo, un buen día le llegó a la madre Teresa carta del padre visitador diciéndole que podía ir a Salamanca, que mucho le había importunado el padre Báñez porque las monjas de allí estaban en mucha necesidad de encontrar casa nueva y asentarse del todo. Cuando la madre se enteró de que había sido la hermana Ana de Jesús la que había convencido al rector de los jesuitas para que intercediera con el visitador, se echó a reír.

—Buena gobernadora nos ha salido esta Ana de Jesús –comentó.

Cuando le dijeron a Julián de Ávila que había de aparejar de nuevo las mulas para viajar, pues ya tenía la madre licencia para ello, se puso él con mucho contento, porque le iban las aventuras estas de las fundaciones.

—Saldremos al amanecer, con la aurora.

—De amanecer nada –dijo Teresa muy firme–. Salimos de noche.

—¿Otra vez? ¿Otra vez de noche? ¿Pero por qué siempre de noche? –preguntó el capellán algo desconcertado.

—Porque ya estoy vieja y los calores me matan –contestó ella mientras abría una carta que le acababan de traer, dando aquel asunto por zanjado.

Y así fue como salieron de las murallas a la hora marcada por la priora, a finales de julio. La jornada primera fue de muchos sobresaltos, pero no lo fue menos la segunda, ya bien pasada La Ventosa, que fue dividida la comitiva por ser noche áspera y oscura, y entonces el que acompañaba a la madre la dejó a ella y a la hermana Quiteria, monja que era de La Encarnación, en un lugarito, diciéndoles que aguardaran allí hasta que él buscase a los otros y pudiesen juntarse todos otra vez.

—Pues parece que se tardan mucho –dijo la hermana Quiteria después que pasó un tiempo.

—No. Es que de noche la espera se hace más larga –le contestó Teresa, callando para sí sus propios temores.

Pasó otro rato y allí no aparecía ni un alma. Era aquel paraje de una soledad que espantaba harto; por no haber ni siquiera había luna.

—¡Vaya nochecita que nos espera al sereno! Que estos no vienen, si lo sabré yo... –dijo otra vez Quiteria impacientándose.

Teresa rezaba a san José por lo bajo para que no se dilatase aquella espera.

—¡Válgame Dios! Ayer se perdió el mulo con los dineros y recaudos y hoy nos perdemos nosotras... –volvió a decir la hermana algo compungida.

—Al cabo lo del mulo salió bien, que se pudo encontrar y no habían robado nada... No vamos nosotras a escapar peor que un mulo –terció la madre queriendo dar ánimo.

Pero esta consideración no le sirvió de nada a la otra, al contrario, parece que los nervios y el miedo hicieron más asiento en ella.

—¡Ay, desdichadas de nosotras! ¡Cuántas malaventuranzas desde que salimos del monasterio! El demonio es el que nos ha venido a extraviar.

Y empezó a congojarse mucho y a decir ayes muy sentidos y a ponérsele en la cabeza que por ventura algún bellaco viniera y les robara, o quién sabe si alguna bestia las mordiera y allí hallaran la muerte.

Teresa procuraba consolarla como podía, diciéndole que todo se pasaba presto, cuánto más una noche, que pronto amanecería y se juntarían todos... Pero nada, la hermana seguía con sus aprietos y algo que había que hacer.

—Venga conmigo –le dijo dándole la mano a la monja miedosa, mientras con la izquierda se atentó el saquito que tenía atado a la correa y comprobó que había algunas monedas.

—¿Adónde vamos? Mire que es noche cerrada y nos podemos tropezar y caer en algún pozo y ser allí nuestra muerte...

—¡Ay, hermana, déjese ya de peligros y muertes y fíe más del Señor!

Quiteria calló y se dejó guiar. A tientas fueron andando, sin rumbo alguno, y después de un rato dieron con una puerta adonde llamar. Al cabo de muchos golpes salió la cabeza de un hombre por un ventanuco, que parecía ser un labriego de aquellas tierras, con muy malas pulgas por haber sido levantado de la cama a fuerza de porrazos, diciendo muchos improperios.

—Por amor de Dios le pido que vuestra merced nos guíe

al camino, que vamos de viaje y somos perdidas de las otras gentes que van con nosotras.

—¡Que no son modos, señora! ¡Ni modos ni horas! Váyanse al infierno, que por ventura estén allí los que van buscando... –refunfuñó el hombre, dispuesto a no hacerles caso.

—Tenga: dos reales por la levantada y otros dos por el servicio –le dijo la madre Teresa con mucha determinación.

El labriego, al oír lo de los cuatro reales, no osó decir más y se volvió adentro a ponerse las botas.

—Mira, Blas, que no digas inmundicias con esas señoras –le dijo entretanto su mujer, que lo había oído todo y había visto que eran monjas–. Que son gente de iglesia y hay que tener un respeto, y tienes tú una lengua muy sucia...

De esta manera, por medio de Blas, encontraron a los otros, que estaban con mucha pena por no haber sabido atinar dónde quedaron las dos monjas.

Después de otro trecho de camino, por fin llegaron a Salamanca. La comunidad de allí no podía creerse todavía que tenían con ellas a la fundadora. Esta, con su disposición de siempre, comenzó a mover los hilos y a hablar con gentes hasta dar con una casa a la que mudarse antes de San Miguel, que era cuando se hacían los contratos. Y sí, al cabo encontraron una que al ser de mayorazgo trajo consigo no pocos disgustos.

Pero los trabajos y los negocios no le daban tanta pena a la madre como la ausencia del padre Martín Gutiérrez, que estar en Salamanca y no poder contar ahora con él mal se sufría.

—¡Con lo bien que entendía este padre mi alma! –suspiraba entre sí.

Se acordaba ella de todas las pláticas que tuvieron cuando esta fundación y cuánto la ayudó y consoló. Ahora lo sustituía de rector otro jesuita que había conocido en Valladolid y al que hubo de llamar para que la confesara.

Mucho se holgó el padre Jerónimo Ripalda de volverla a ver, que aunque en un principio receló de esta monja y de su manera de oración, después que la conoció y leyó el libro de su vida, se aficionó mucho a ella. Y a algunas de sus devotas las encaminó para entrar en las descalzas, a las cuales ahora admiraba.

Estuvieron mucho rato hablando los dos porque el jesuita se mostraba muy interesado por todo lo que había acaecido desde que no se veían, y la madre comenzó con mucho gusto a contarle cómo iban las fundaciones.

El rostro del religioso, con ser él un hombre grave y de palabras muy exactas, se iba cambiando según el relato de los acontecimientos.

Se arqueaban sus cejas de admiración cuando oía contar de las casas y de los trabajos que traían consigo; de los pocos dineros y de los muchos contratiempos.

Se sonreía y se iluminaban sus ojos cuando escuchaba las aventuras de noches en vela, aderezando altares, para tocar luego una campana y contar con un nuevo Sagrario.

Frunció el ceño con gesto muy preocupado cuando oyó contar de los frailes de Pastrana y de Alcalá y de las demasiadas penitencias que a la madre traían de cabeza, y con razón.

—Que el rigor no es fundamento de nada, porque tengo para mí que un alma apretada no puede servir bien a Dios –decía ella.

Se rió de buena gana con algunos percances, como aquel del boquete que abrieron en Toledo, sin pensar que la casa contigua estaba aún habitada.

—Ya las viera su reverencia salir a esas señoras despavoridas, pensando ser el fin del mundo... ¡Ay, Jesús, qué de historias!

Cerró los ojos al imaginar las malas noches en posadas; los peligros del camino, atravesando ríos o al filo de un despeñadero... Fríos, soles, chaparrones, gente ruda, insolente, descomedida... Damas de alta alcurnia, a veces caprichosas, refinadas o insolentes, según les diera el aire...

Volvió a sonreírse cuando la madre le habló de las monjas de Valladolid, a las que él quería harto, y cómo le contó la entrada de Casilda, que lo decía de tal manera que por fuerza hacía ver a la tal niña corriendo calle abajo, quitados los chapines, huyendo del aya que la seguía detrás y consiguiendo entrar al fin en el convento...

El maestro Ripalda vio por la ventana que el sol iba bajando y las sombras se alargaban. Llevaban ya mucho tiempo y por él se hubiera quedado allí, sin cansarse, oyendo hablar a esta mujer que ya fuera para hablar de ventas, ya para hablar de Dios, tenía ciertamente una gracia muy especial.

—Madre, todo esto ha de ser escrito –le dijo él.

—¿Escribir? ¡Por Dios bendito! Tiempo me falta para contestar cartas, que de la noche he de robarlo... No me diga de escribir.

—No se puede perder nada. Tiene que escribir lo que me ha contado de las casas que se van abriendo. Todos los detalles, que no se pierda ninguno. Igual que ha hecho con la fundación del primer convento, con la que me he holgado tanto, tiene que ir haciendo con las otras.

—Pero...

—El libro de su vida se lo mandó escribir el padre García de Toledo, ¿no es así?

—Cierto.

—Yo, que ahora soy su confesor, le mando por obediencia escribir este que le digo. Nada se puede perder. Nada.

Teresa no osó replicar más. ¿Cómo se iba a dejar de decir todo lo que Dios iba haciendo?

No. No había mucho tiempo para escribir y sí muchos trabajos. Por eso escribía a tiempos perdidos esto de las fundaciones, dejando hartas veces frases sin acabar, ideas sin concluir... Para luego ser interrumpida una y mil veces porque había además de atender a muchos negocios y volver a pelearse con los dueños de la nueva casa, que en esto y en entender de muros que han de tirarse aquí y levantarse allá, de puertas que se han de abrir, de tejados que hay que correr, se le iban los más de los días.

Aunque más que nada, más que los negocios, más que las obras, más que la escritura, lo que le importaba a ella era la vida de sus monjas, de quedar bien echados esos cimientos de por dentro, que los materiales fueran buenos: buen entendimiento, humildad, amor de unas con otras... Que hubiera ventanas por las que entrara el sol en cada comunidad que se fundaba... Y para ello era menester estar con ellas, enseñando, corrigiendo, consolando y holgándose todas juntas.

—Ande, hija, cánteme unas coplillas... –le decía a una monja muy moza en el tiempo de la recreación.

Isabel de Jesús la miraba temerosa, no le fuera a pasar algo a la madre, porque recordaba de cuando le cantó la primera vez, que se traspuso y quedó muy desmayada y la tuvieron que apartar de allí; y a ella, como era novicia, luego no la dejaban entrar en la celda para ver qué le pasaba. Pero, a pesar de sus temores, volvió a cantarle para complacerla.

—¿Y cómo es que tiene tan linda voz? –le preguntó Teresa al terminar la coplilla.

—No lo sé, madre. La voz me sale así sin yo saber cómo... Lo que no me sale es ser santa y es lo que quisiera yo aprender.

—¡Ah! Entonces habré de llevarla a una fundación para que aprenda a ser santa... –le dijo riéndose.

—¿A Segovia, madre?

—¡Mírala ella cómo tira por su tierra...! Pues pídaselo a Dios, que si Él lo quiere también yo lo querré.

La luna en lleno fue testigo
en aquella aventura
de los amores acelerados
que hicieron a la M. Teresa
abrir pequeños paraísos.

Capítulo 31

Que dice de lo que hay que soportar de caminos y de ventas, de denuncias, oprobios y calenturas, por amor de Nuestro Señor. Se advierte también que hay ciertas compañías que alivian mucho el viaje de esta vida

Nunca se le hubiera ocurrido a la madre Teresa salir de tierras de Castilla y menos habiéndole dicho el padre general que no lo hiciera... Pero, lo que son los reveses de esta vida, que a veces vamos a hacer justo lo que no pensamos ni queremos y llega a caer la mancha en el mejor paño, como se suele decir. Porque eso fue lo que pasó, que siendo ella tan obediente y recomendando siempre esta virtud, fue a hacer lo contrario de lo que se proponía, y todo por la ignorancia de no saber dónde caía Beas de Segura.

—Está en la raya, pero no es Andalucía –le aseguró alguien.

Y con estas garantías sin más se pusieron en camino rumbo al sur. Iba conmovida por la historia de unas mujeres devotas que allí la esperaban y mucho le habían rogado que fuera a darles el hábito y las constituciones de las descalzas.

Después de algunas jornadas comenzaron a ver parajes muy distintos de los que se veían en tierras castellanas. Era de admirar la cantidad de olivares, que parecía aquello no tener fin por dondequiera que se mirara.

A un lugareño se encontraron, bien cargados los mulos de aceitunas, que fue el que vino a desengañarles del todo.

—¡Qué raya ni qué raya! –les dijo el hombre–. ¡Por mis muertos que esto es ya tierra de María Santísima, con todas las de la ley!

Por poco le da un jamacuco a la madre cuando se cercioró de que estaba fuera de Castilla y sin permiso del general para hacer allí fundación alguna. Y sería por las virtudes de aquellas mujeres beatas que ya la estaban esperando ansiosas. Sí, sería por eso, que todo al cabo salió bien, pues no le faltaron ganas de tornarse atrás y no meterse en camisas de once varas.

—¿Y qué nos depararán los caminos...? –dijo Teresa como en un suspiro cuando, ya de vuelta, salieron de Beas y comenzaron a ver olivares y olivares.

—Madre, no se preocupe, que nada malo será ello –contestó María de San José, queriéndola consolar.

—Aventuras... Los caminos siempre nos deparan aventuras –dijo ella entre sí cerrando los ojos.

Y es que nueve jornadas por delante, bajo el recio sol de esa tierra, dan mucho de sí y hartos aconteceres caben en ellas.

Lo que pasaba es que, recién tomado el camino, a la madre se le fueron las primeras horas recordando todo lo que había acaecido en los últimos meses. Hacía como si durmiera y verdadera necesidad tenía, pues mala noche había sido la anterior, que siempre le pasaba así cuando había de separarse de sus hijas, que no era este poco trabajo. Y de estas de Beas, que caían tan a trasmano de todo... Dejarlas allí... Cada vez más lejos de Ávila... ¡Dios bendito! No, no podía dormir.

Había dejado a Ana de Jesús de mayor, que según era de disponedora para todo y las prendas que tenía su alma, no dudaba de que aquella comunidad tuviera buenos principios.

—Troquemos, hija, las capas –le había dicho a la nueva priora, que andaba toda llorosa a causa de la separación–. Tome la mía, que es nueva y más a propósito para ella que es joven, y deme la suya, que por estar vieja y gastada, me irá bien a mí.

Y Ana, en un arranque que tuvo, se había echado en sus brazos, sin dejar de llorar, porque sabía que ya no se verían más en esta vida. También a la madre se le escapó alguna lágrima, aunque solía mostrarse fuerte para no dar a las otras tanta pena.

Ay, pero dichoso yerro fue aquel que le trajo el conocimiento del padre Gracián, que allí se estaba en calidad de visitador, porque una vez que lo vio y lo trató, se le fueron todas las congojas y poco le importó el verse en tanto embarazo como el de encontrarse en dichas tierras.

Ya, ya le había contando Isabel de Santo Domingo que había conocido a este padre en Pastrana y que era un religioso con la cabeza muy bien puesta y no sé cuántas cosas más. Y ella que sí, que harto se holgaba de ello, pero sin imaginar que, cuando lo conociera, todos los elogios que le habían dicho de él le iban a resultar demasiado escasos.

—Él es cabal a mis ojos, y para nosotras mejor de lo que supiéramos pedir a Dios –le dijo a sus monjas cuando salió aquel día del locutorio de estar con dicho padre–. Lo que ahora hemos de hacer todas es pedir a Su Majestad que nos le dé por prelado.

Sí. En este hombre bien podía descansar, porque era él como un árbol frondoso y fuerte en el que poder apoyarse de toda fatiga del camino y tomar refrigerio a su sombra, que ya se sentía ella vieja y ruin para llevar sola tantos negocios... Y que la preocupación por los frailes a veces la apretaba muy mucho y le era causa de desasosiego.

En los veinte días que anduvo por allí dicho padre, hablaron los dos de muchas cosas y le pudo informar él de primera mano de lo recios que estaban ahora los calzados y que todo era impedirles a ellos. Para poner orden lo mandaban a él con los apoyos del rey y del nuncio, aunque no con los del general.

A la madre Teresa se le alegraba el alma de ver persona con tantas prendas, que nunca vio perfección con tanta suavidad, y le fue abriendo su alma, descansando en él de todas sus cosas. Y fray Jerónimo Gracián, que hartos deseos tuviera de conocerla, quedó cautivo de la luz de sus ojos y de esa presencia divina que ella traía consigo siempre, y también le habló él de su interior como no lo había hecho con confesor alguno.

Y es que todo le parecía más llevadero trayendo a la memoria sus palabras, porque parecía tenerlo todo junto... Ahora estaba cierta de que con tal sujeto en la Orden los descalzos podían vivir en paz.

Lo malo fue el final de aquellos días, que para ella fueron de cielo, cuando él le hizo ver que en aquellas tierras era ahora súbdita suya y que había de obedecerle en ir a fundar a Sevilla y no a Caravaca como ya se había dispuesto.

—Mire, padre, que es por Sevilla por donde vienen los nubarrones amenazando tormenta... –le dijo ella algo disgustada–. ¿No entiende que no puedo detenerme más en estas tierras?

Él no quiso hacer caso. Sí, sabía que había peligro de indisponer al general contra la madre Teresa y también sabía que el libro de la vida estaba en manos de la Inquisición, pero esos peligros son fáciles de sortear para quien tiene el favor del nuncio y del rey, pensó Gracián muy seguro de sí.

—Irán a Sevilla a fundar. Es la puerta del Nuevo Mundo, y descalzos y descalzas hemos de estar presentes –contestó él mirándola a los ojos, como queriendo escrutar en el fondo de ellos esa presencia que sentía cuando estaba a su lado.

Y ella se calló, aun sabiendo que era meterse en la boca del lobo.

Ahora ya estaban camino de Sevilla. Pero aquel viaje tan largo no se iba a ir todo él en recuerdos, que ya se encargaba el sol de Andalucía de hacer de despertador a la realidad, y también las mismas aventuras que iban surgiendo por aquellos caminos, como pasó cuando llegaron para atravesar el río, que se empeñó el barquero en que su barca aguantaba bien el peso de los cuatro carros juntos y sus mulas.

—¡Digo, que si aguanta...! –fanfarroneaba el hombre–. Y una fortaleza entera la mudo yo si es menester a la otra orilla, y les juro yo a vuestras mercedes que mi barca la aguanta. ¡Vaya que si aguanta, digo!

Antonio Gaitán y Julián de Ávila se miraron espantados de ese lenguaje en demasía que todo lo exagera, pero no atreviéndose a contrariar al barquero, que tan seguro estaba de su barca, mandaron salir a las monjas para que cruzaran primero las gentes y que después fueran los carros.

Pues ya estaban todos pasados al otro margen y viendo montados los carros con sus mulas, cuando no se supo bien qué pasó con la maroma al otro lado, que parecía haberse soltado y en menos que canta un gallo vieron cómo se iban los carros y las mulas río abajo, y todos eran a dar voces y a intentar tirar de la maroma, y los carreteros y los demás hombres no cesaban de vocear y hacer juramentos y decir abominaciones sin respeto de nada, porque así parece ser su costumbre en dichos aprietos, que no había quien los aplacase. Hasta que fue Dios servido que el barquero pudo detenerse con gran trabajo en un bajío y así no se lo llevó la corriente y pudieron recuperarse carros y mulas, que harto susto llevaban en sus carnes.

—Esto no ha sido culpa de la barca –siguió diciendo el barquero una vez a salvo–. Que la barca aguanta lo que le echen... ¡Digo, que si aguanta! ¡Una fortaleza aguanta la barca!

Pues de estos lances y de otros que acaecieron hacía luego la madre unas coplillas para tener recreación cuando llegara la hora de recrearse, y a gusto se reían las hermanas recordando los apuros pasados.

Pero no fueron menos los ocasionados por la furia del calor, que al hacer tanto hubieron de tirar las provisiones que llevaban por haberse estas podrido. Luego llegaron a una venta en la que solo había sardinas para comer, pero tan saladas estaban que había que atravesarlas a fuerza de agua.

—Madre –le dijo Julián con pena–, que aquí el agua es más cara que el vino...

Y en escuchando esto, la hermana Leonor, que traía la segunda sardina a mitad de camino, la dejó caer otra vez en la vasija, y así fueron quedando todas, aborrecidas por falta de agua.

—Pues comer no comeremos, pero otra coplilla habrá que componer para que al menos nos podamos reír... –dijo María del Espíritu Santo queriendo animar la situación.

La madre Teresa soltó la risa.

—Hijas, me atrevo yo a ir con ellas a tierra de turcos, si fuere menester...

Y la verdad es que no parecían sino de infieles aquellas tierras, sobre todo cuando habían de pasar por las ventas o posadas, que de palabras soeces y descomedidas y de contiendas y peleas fueron siempre bien servidos de balde. En una de ellas no es que no se atrevieran a bajar, sino ni siquiera a levantar los toldos de los carros por si por ventura entraba un poco de aire, que bien ausente estaba este. Porque resulta que había dos hombres que se estaban acuchillando diciéndose grandes afrentas, y ya llegó un momento que la madre no lo pudo sufrir más y con mucho valor levantó el toldo y asomó la cabeza.

—¡Hermanos: miren que está Dios aquí, que les ha de juzgar! –les dijo con gran determinación, haciendo callar a todos.

A temblar se echaron Julián, Antonio y fray Gregorio, que iba también con ellos... Pero no se sabe cómo, el caso es que la pelea se terminó y de allí se fueron los dos hombres como por milagro.

No obstante hay que decir que nada de estas cosas afligieron tanto a las monjas y a los dichos escuderos como ver que la madre Teresa empezara a enfermar, que eran unos tiritones grandes los que tenía y espantaba verla así, pidiendo abrigo en medio de aquel calor tan recio. Fue al llegar a Córdoba, y es que de allí salió la denuncia de la Inquisición y el procurar el libro de la vida, que cuando se lo comunicaron a ella un extraño escalofrío le recorrió el cuerpo, y eso que se había reído en otro tiempo de tales acusaciones, porque decía que muy aparejada estaba ella en obedecer en todo lo que dispusiera la Iglesia. Sí, sí, pero ahora no era lo mismo. No, ahora ni pizca de gracia le hacía el asunto, pues lo que antes solo eran sospechas se tornaba en realidad. ¡Ay, se sentía tan cansada! Tenía miedo. Y es que a veces las amenazas nos llegan en tiempos de flaqueza y lo que otras veces se afronta con valentía en esta hora puede dar calentura nada más que de pensarlo.

Así estaba ella, con harta pesadumbre de que el libro estuviera de mano en mano, el libro que era toda su alma, manoseada de unos y de otros... Y todo había empezado por la dichosa princesa de Éboli, que ya sabía ella que esa mujer traería problemas tarde o temprano. Ahora, por pura venganza de ver desbaratada la fundación de Pastrana, pues las monjas ya la habían sufrido bastante, y de noche dio orden la madre de que salieran huidas hasta Segovia, dejando con un palmo de narices a la princesa; parece le faltó tiempo a la ilustre señora para ir a denunciar el libro a la Inquisición...

Como la mujer del desierto, había salido a los caminos a contar lo que le acaeciera a ella con Aquel que había encontrado en el pozo de agua viva... Para llegar a verse traicionada, en boca de todos...

María de San José mojaba un paño en agua y torciéndolo lo ponía luego en la frente de la madre.

—Quite eso, hija, que más que refrescar parece que me abrasa...

—Es esta agua tan caliente, que no hay manera de hacer otra cosa... –contestó apenada María por no poder aliviarla.

La habían metido en la camarilla de una venta para que descansara, pero hacía tanto calor a esas horas... Y luego el ruido de las coplas y bailoteos que se tenían allí, que parecía darle en la misma sien y hacer crecer el mal. Por eso volvieron a salir y estuvieron a campo descubierto, hasta que poco a poco se fue pasando lo peor.

—No se aflijan, que todo se pasa... –decía ella.

Otro día de aquel viaje, en una ermita que había en Écija, se pudieron aposentar y tener allí algún acomodo. Y se estuvieron muy recogidas las monjas, descansando de tanto camino y contradicciones.

—No me hablen hoy, hijas, que quiero estarme a solas con el Señor –dijo Teresa, yéndose a la sacristía de la ermita para tener más soledad.

Eran los días de Pentecostés y le daba vueltas ella a qué servicio podía hacerle al Espíritu Santo en agradecimiento por todo lo que la había favorecido. Y buscaba y rebuscaba algo que le costara entregar y, por más que miraba, ya parecía tenerlo todo entregado... ¡Ay, hasta que dio con ello!... Sí, que si algo le estaba costando era esta obediencia al padre Gracián, por ser ella contraria a realizar esta fundación de Sevilla... Y como encontrara en su interior todavía alguna resistencia, se determinó a hacer un voto de obediencia a dicho padre, que eso sí que le costaba y bien podía el Espíritu Santo recibirlo como buen regalo... Y tal vez, porque toda amistad que se precie merece ser sellada de algún modo, y así se hizo.

Capítulo 32

Habla de la fundación de Sevilla y cómo en esta ciudad los inquisidores examinaron la doctrina de la madre Teresa de Jesús, concluyendo ser espíritu de Dios

Estaba Sevilla que daba gloria en aquella mañanita de últimos de febrero, toda llena de sol y de flores abriéndose entre las rejas. Porque les daba ahora a las gentes por abrir huecos en las paredes y hacer balcones y colocar macetas con geranios, y en cada uno que le gustaba se detenía Justa, la bordadora, que había ido a llevar unos encargos y aprovechaba el paseo por el camino más largo, cruzando el puente, y luego pasando por la calle de los artesanos donde había un taller en donde sabía que la miraban unos ojos muy especialmente, y por delante pasaba muy derecha, con su paso menudito sin tornar la vista, como quien no se da cuenta de nada.

En la esquina, un ciego junto a su lazarillo cantaba:

Son hoy muy odiosas
cualesquier verdades
y muy peligrosas
las habilidades
y las necedades
se suelen pagar caro.
El necio callando
parece discreto

y el sabio hablando
se verá en aprieto.
Y será el efecto
de su razonar
acaescerle cosa
que aprenda a callar[1].

Justa se quedó con la cantinela y se fue tatareando siguiendo su camino. Y luego, ya después de mucho rodeo, llegó a la calle Armas, que era donde vivía. De pronto se dio cuenta de los carros negros y varios caballos parados en la puerta de esas monjas nuevas que llegaron el año pasado.

Apretando el paso entró en su casa llamando a su hermana.

—¡Antonia! ¡Antonia...! –gritaba mientras subía las escaleras que daban a la pieza de arriba.

Allí se la encontró, cabe a la ventana, muy tranquila ella, haciendo labor, como si nada pasara.

—¿Pero tú no has visto lo que tenemos enfrente, Antonia?

—Digo, ¿no lo he de ver? ¡Pues ni que me hubiera quedado tuerta!

—¿Desde cuándo están ahí? –preguntó Justa mirando por la celosía.

—Irte tú por arriba y llegar ellos por abajo. Bien tempranito que se presentaron.

—¡Virgen de los Remedios! ¿Quién lo iba a decir de esas monjas?

—Pues ya ves, otra doña Catalina vamos a tener este año en el cadalso. Tan santa como era y mira al cabo...

—¡Ay, válganos Cristo!

[1] Versos escritos por Bartolomé Carranza de Miranda, arzobispo de Toledo, procesado por la Inquisición.

Y después, Antonia, que era ella muy meticona y gustaba mucho de hacer comidillas de todo lo que pasaba, le contó a Justa algo que sabía y que le había dicho la hermana de una amiga, que era conocida de otra parienta que se llamaba María del Corro, y es que esas monjas nuevas llegadas de Castilla hacían cosas, que váyase a saber...

—¿Y qué es ello?

—Pues... ¡yo qué sé! Cosas raras serán.

Y que esa María del Corro, que sabido era de todos que era una persona de fiar y con buena fama, había dicho que la madre Teresa escribía mucho, que todo el día dándole a la pluma. Y claro, luego pasa lo que pasa.

—¡Ay, Antonia, que no me tengas en vilo! ¿Y qué escribe?

—¡Hija, y yo qué sé! Cosas raras que no han de escribirse porque se mete el demonio. Y luego, mira, se presentan en tu casa los curas de la Inquisición...

Siguieron hablando las dos hermanas sin dejar de mirar por la ventana ni un momento.

—Pues yo te digo que no me muevo de aquí sin ver cómo acaba este asunto, aunque me quede hoy sin comer.

—¡Pues, anda que yo...! Que esto no se ve todos los días, hija.

Y de esta manera fue pasando la mañana para todos los vecinos de la calle Armas, mirando por las celosías sin perder ripio por ver lo que acaecía en la casa de las monjas.

También estaba María, la priora, con el corazón en un puño, por ver en qué acababa todo. Esos señores se habían quedado a solas con la madre Teresa después de haberlas examinado a todas haciéndoles mil preguntas. Le daba pena ahora de no poder estar con ella, aunque sabedora era de que la madre bien se sabía defender, que parecía no tener miedo, según se mostraba al exterior. Pero la procesión va por dentro, claro.

Y es que había que ver qué cara estaba costando esta fundación, pensaba ella. ¡Bendito sea Dios! Que no bastaron las fatigas que se pasaron al principio, cuando no tenían siquiera que llevarse a la boca.

—Parece mentira que en ciudad tan caudalosa y de gente tan rica haya menos aparejo de fundar que en todas las partes que he estado –decía muchas veces la madre haciéndose cruces.

Pero así pasaron, como extranjeras en lugar extraño, sin que nadie las socorriese hasta que no pasó un tiempo.

¡Válgame Dios! Y no bastaron esos aprietos, que también tuvo el señor obispo que aportar lo suyo no dejándoles tomar posesión y estarse en un no tan recio que a todas las tenía con harta aflicción, cuanto más a la madre Teresa...

Pero, por si fueran pocos estos trabajos pasados, más el clima de la tierra, que era como infierno, y la condición de las gentes, hubo de llegar la carta del padre general mostrando mucho enojo y mandándole a la madre que se recluyera en un convento y que dejara de fundar, todo ello con palabras muy preñadas.

—Mire, hija, lo que dice, que soy apóstata y que estoy descomulgada... ¡Dios le perdone! –le había dicho la madre un día mientras le enseñaba la dicha carta.

—Eso va contra razón. No se vaya. Todavía no puede irse –le contestó ella muy segura.

—¿Cómo que no? Eso me mandan; aquí lo pone, léalo.

—Pero, madre, ¿no sería peor que vinieran los de la Inquisición y no la encontraran?

—¡Vaya, qué manera más linda es esa de consolarme! –le había dicho riéndose.

Y así estaba siendo ahora, que parece se lo barruntaba ella. Porque no bastaron las palabras duras del general tampoco. No. Además tuvo que entrar esa mujer, que, por cierto, a ninguna de la comunidad gustaba, pero en fin, por no hacer el feo a gente muy principal que les importunaban diciéndole que era una santa y una honra para el monasterio, acabaron metiéndola, no fueran a pensar que por ser castellanas eran así de remiradas ellas. Pero ya se vio la honra y la santidad de María del Corro en qué paró, que en cuanto el dechado de virtudes se percató de que allí no podía hacer su santa voluntad y era tratada como las demás hermanas, bien que salió como alma que lleva el diablo y empezó a decir disparates de todas ellas, a levantar injurias por toda Sevilla y a no parar hasta denunciar a la fundadora a la Inquisición.

—¡Ay, madre! ¿Y por qué no bastaron tantos trabajos padecidos que también nos acarrean este?

—No bastaron, hija, porque solo Dios basta... –le había contestado.

María de San José, priora que era de la comunidad, estaba sentada en el peldaño de una escalera del patio, aguardando, mientras traía a su memoria tantos recuerdos desde que conociera a Teresa en casa de doña Luisa de la Cerda, allá en Toledo... ¡Qué lejos estaba todo! Quién le iba a decir a ella que iban a sufrir juntas tantas cosas en estas tierras.

Menos mal, pensó, que al menos aquí en Sevilla había recibido la alegría del encuentro de su hermano don Lorenzo, que había regresado de las Indias, viudo, con tres hijos. Este fue de los pocos alivios que había tenido, que ya se le conocía en el rostro el contento cuando él venía a verla y cuánto se holgaba con la su Teresita, la sobrina pequeña que ahora se criaba en el convento y a todas traía encandiladas por la gracia que tenía.

Y en esto estaba cuando oyó el picaporte de la puerta y vio salir a la madre de donde estaba con esos señores.

—¿Qué fue ello? –le preguntó ansiosa una vez que se encontraron solas.

—No fue nada.... –contestó Teresa al tiempo que limpiaba con su mano una lágrima que iba cayendo por el rostro de María–. He de escribir unas relaciones de mi alma... Pero de eso tengo ya harta costumbre.

—¿Volverán entonces?

—Sí, volverán. No se aflija, que tengo bien sabido del Señor que mi causa es suya y la suya mía... No hemos de temer nada.

—Quisiera evitarle tanto sufrimiento, y no sé cómo...

—Pues hace mal y de nada vale. Cada día entiendo más la merced que me hace nuestro Señor en tener entendido el bien que hay en padecer, para llevar con quietud el poco contento que hay en las cosas de esta vida, pues son de tan poca dura... ¡Ea! –dijo de pronto sobreponiéndose–. Vamos a comer con las hermanas, que se me está poniendo ella muy flaca y ojerosa.

—¿Y quién come ahora? –dijo María echándose a llorar.

—Comeremos todas, que más vale regalarse que ponerse mala. Y es menester cobrar fuerzas para poder servir –insistió Teresa, haciendo de tripas corazón y aún temblándole las carnes por todo lo que estaba pasando.

Después, en la recreación, las monjas quisieron saber qué había pasado y la madre Teresa les estuvo diciendo que habían sido muchas preguntas las de estos señores, y que aún tenía que escribir dando cuentas de su alma, que hacían bien ellos de guardar la fe, que ese era su oficio, y que con tanta patraña como se había inventado esa desventurada María del Corro, que normal era que se sospechase...

Así las quiso animar, como hace una madre con sus hijos, guardando para sí la desazón que sentía por dentro.

—Pero no teman, mis hijas, que Dios se vale de todo esto para adelantarnos más en su amistad y Él mismo habrá de sacar a luz la verdad.

Y eso fue lo que pasó, que no falta el Señor a los que de veras se le confían y se le entregan. Y muy tranquila tenía la conciencia, que si temía no era por ella, sino por el mal que les pudiera venir a sus monjas y a los frailes, sobre todo al padre Gracián.

Al cabo del mes, en el Castillo de la Inquisición de Triana, se volvieron a juntar los padres de la Compañía, muy admirados ellos por la relación que había escrito Teresa de Jesús y que habían examinado con todo rigor.

—Que es doctrina sana no hay más que verlo –dijo el padre Enríquez.

—Ya, pero esas visiones que cuenta... –terció el padre Rodrigo, que era el más receloso.

—Pero, padre, acerca de eso lea bien lo que dice, que nunca vio nada con los ojos...

—Además, díganme vuestras reverencias, quién tiene rostro para contradecir el parecer que antes que nosotros dieron tales personajes: nuestro reverendo padre Francisco de Borja, el primero, y luego Baltasar Álvarez, el maestro Ripalda, Hernández, Gutiérrez... Por nombrar a los de la Compañía. Que luego, si seguimos con los de la Orden de Santo Domingo, también la examinó Domingo Báñez... Y no olvidemos al franciscano Pedro de Alcántara... Lo más granado de las religiones ya examinaron el espíritu de esta mujer. No seré yo quien los desmienta y ponga en duda lo que tantas veces ha sido enjuiciado –habló el padre Álvarez con mucha determinación.

Todos asintieron con esta y otras consideraciones que se hicieron para resolver al cabo la aprobación al espíritu de la madre Teresa de Jesús, porque era espíritu de Dios.

Mucho se alegró de ello el prior de la Cartuja, y en fin, todos los que la conocían y eran cercanos a la fundación, que luego, después de otros trabajos que siguieron en la compra de la casa, acaeció como cuenta la Escritura de Job, que el pobre hombre, después de mantenerse fiel y con tanta paciencia en tan grandes padecimientos, le fue pagado todo duplicadamente. Porque había que oír la de lenguas que se hacían después de la santidad de las que antes habían sido despreciadas y calumniadas.

—Estamos en un mundo que es menester pensar lo que pueden pensar de nosotras para que hayan efecto nuestras palabras –decía la fundadora sin hacer caso a nada de estos elogios.

Lo cierto es que ya había pasado todo. Ya era tiempo de obedecer la orden del general, que bien enojado estaba con ella, y de irse cuanto antes de allí.

—¡Ay, hija, qué bien pagadas fueron estas vistas que ahora ven nuestros ojos! –dijo Teresa contemplando desde arriba el Guadalquivir...–. ¿Piensa que es poco tener casa adonde puedan ver esas galeras?

Se le iluminaba el rostro mirando el puerto de Sevilla, y trajo a la memoria aquellos días en que sus hermanos vinieron aquí y embarcaron a las Indias mientras ella buscaba en Ávila el rumbo de su vida.

—Pienso que navíos somos los religiosos, llenos de jarcias, que navegamos al deseado puerto de la perfección –dijo María.

—Así es, como dice. Y no nos han de faltar tempestades y olas de mil miserias. Y ha de saber también que el piloto es la prelada que toma en la mano el gobernalle para que no se pierda... Aquí la dejo de piloto, hija, por obediencia a Cristo.

—No sé si sabré hacerlo ahora que se va y me quedo sola.

—Ea, ya se me puso boba. Déjese de falsa humildad. ¿Qué más queremos de un tan buen Amigo al lado, que no nos dejará en los trabajos y tribulaciones, como hacen los del mundo? ¡Bienaventuradas somos si de verdad le amamos!

—Pero aquí, tan lejos, sin pensar de verla más... ¡Se me hace tan recio!

—Escogió ella Sevilla e hizo bien... Ahora a tener ánimo animoso para gobernar este navío. Ya sabe lo que suelo decir a todas las prioras y está escrito en las Constituciones: procure ser amada para ser obedecida.

—¿Me escribirá, madre?

—Sí, para pedirle agua de azahar, que es muy buena la de aquí...

—¿Solo para eso?

—También le pediré que me mande algunos limones y azucarillos... –le dijo riéndose de buena gana.

Siguieron hablando las dos aquella tarde, frente al puerto. Y le daba consejos Teresa para alguna monja melancólica que allí había y que por ventura pudiera errar en algunas cosas, más por falta de entendimiento que por malicia; que la ocupara en muchos oficios y no dejara que estuviera imaginando todo el día, que ahí estaba el mal; que se alimentara en condiciones; y que si llegado el caso la tuviera que quitar de la oración algunos días, empleándola en obras de caridad, que eso era lo mejor.

Por más que quisieron sujetar el tiempo para que este no se fuera, vieron todas llegar sin remedio las últimas horas de estar la madre entre ellas, que estaban bien tristes por ello. Hasta Teresita, la niña, dejó de contar historias como solía por la pena que le daba el tener que partir a la mañana siguiente con su tía y su padre.

—Es que de pensar no verla más es harta la aflicción –dijo Leonor de San Gabriel.

—Pero la pueden mirar en el cuadro que pintó el fraile –dijo la sobrinilla, por querer dar algún consuelo.

—¡Calla, hija! –saltó la madre Teresa–. Que no es consuelo ninguno que mirando esa pintura de monja tan fea y legañosa se pudieren acordar de mí.

Se rieron todas, sabedoras de que a la madre no le había gustado ni mucho ni poco el retrato que le había hecho fray Juan de la Miseria por orden del padre Gracián.

—Si al menos el retrato pudiera hablar... –dijo una hermana.

—Hablar... hablarán las plumas, las suyas y la mía. No dejen de escribirme, de contármelo todo.

Y cuando ya la comunidad se recogió aquella noche, se quedó Teresa sola en el coro, a oscuras, mirando la lámpara del Sagrario... Holgándose del olor del jazmín que entraba por la ventana... Y sintiendo esa presencia tan conocida.

—¡Oh, Amor que me amas más de lo que puedo entender ni entiendo! ¿Para qué quiero, Señor, desear más de lo que Vos quisiereis darme? ¿Para qué me quiero cansar en pediros cosa ordenada por mi deseo, pues todo lo que mi entendimiento pueda concertar y mi deseo desear tenéis Vos ya entendido sus fines, y yo no entiendo cómo aprovecharme?

Capítulo 33

Que habla de castillos y recuerdos y de cómo una vez la madre Teresa de Jesús perdió toda compostura

—¿Y qué nos depararán los caminos? –preguntó Teresa entre sí, cuando hacía ya algunas jornadas que salieran de Sevilla.

—¡Aventuras! –contestó Teresita.

—Mírala qué lista es ella... ¿Y cómo lo sabes?

—Porque mi padre dice igual.

La madre se echó a reír por lo pizpireta que era la niña, que harta recreación le iba dando en aquel viaje. Pero como era pequeña se quedaba dormida a ratos por el traqueteo del coche que las iba meciendo, y así aprovechaba ella para cerrar también los ojos y dejar que vinieran a su cabeza muchos recuerdos...

El olor de azahar sí que lo echaría de menos en las noches de primavera, pensaba al contemplar de nuevo las llanuras de Castilla. ¡Válgame, Dios! Y cuánto había acaecido desde que salió de esta tierra.

El azahar, los limoneros... Y más cosas. Que no todo fueron demonios sueltos dando la matraca en esa Andalucía. Porque, aunque había visto las orejas al lobo vestido de inquisidor, atrás también quedaba gente muy querida de su alma. Y es que cuando se comparten padecimientos, el nudo se hace más fuerte entre los que se aman.

Quedaban sus monjas. Parecía estar viendo todavía llorar a la su Gabriela, tan boba que se puso en el momento de la marcha. Y se le venía el rostro de cada una, sus lágrimas, sus risas, sus recomendaciones... Aún no entendía cómo se puede sufrir esto de las despedidas si el Señor no lo hiciera, que no era posible.

—¿Qué es aquello, tía? –preguntó entonces Teresita, que se había despertado.

Teresa miró. Estaba amaneciendo y bien encarnado que nacía el sol con promesas de calentar harto.

—Es un castillo.

—¡Ah!

Algo empezó a clavársele por dentro y cayó en la cuenta de que era la cruz que traía consigo, por debajo del hábito. Entonces la sacó para ponerla bien. Se la habían mandado de Caravaca.

Mucha pena tenía de no haber ido hasta allí a conocer a aquellas hijas. Recordaba cómo volvieron sus dos escuderos, Julián de Ávila y Antonio Gaitán, tan prendados de las tres Franciscas y cómo no pudo acabar con ellos que se deshiciera la fundación, que a eso y no a otra cosa los había mandado.

—No se sufre, madre –le dijeron–, que es muy buen espíritu el que tienen, y cosa que Dios inspira, ¿hemos de estorbarlo los hombres?

En fin, tanta fue la importunación que hubo de mandar a Ana de San Alberto como priora y que se les juntaran otras monjas de Malagón. Bendito sea el Señor que así lo dispuso, y fue servido que se fundara aquel monasterio el día del Nombre de Jesús.

Buenas prioras sí que había nombrado en estas tres últimas fundaciones, que no dudaba lo habían de hacer tanto o mejor que ella, porque eran de harto entendimiento, prudencia y discreción. Y mucho amor de Dios había en sus almas, que ella misma las criara como a hijas y las conocía con toda verdad.

El dolor era tenerlas tan lejos, dejarlas allí, sabiendo bien que no se verían más en esta vida... Pero estos eran los sacrificios que ahora pedía el Señor y más que nunca sentía cómo era Él quien lo negociaba todo en estas casas, siendo ella llevada de un sitio a otro según lo que iba trazando su santa voluntad. No, que no eran los pasos suyos, que no eran sus deseos ni sus fuerzas, sino que parecía ser ella una pajita cogida por un gigante...

—¡Otro, tía! –dijo la niña señalando con el dedo el castillo que se veía a lo lejos.

—Sí, hija, sí. Muchos hay por estas tierras.

—¡Aaah! –exclamó Teresita, que siguió con la frente pegada al cristal.

Ahora había de escribir más cartas, que esos eran sus brazos que alargaba desde lejos para aliviar un poco la ausencia. Solo un poco.

También atrás quedaba su padre Gracián. ¡Oh, Dios mío! Qué bien fueron pagados todos los trabajos sufridos de calores, de apretamientos y congojas, de sospechas y entredichos, de denuncias y baldones, de dineros, de tantos revuelos con los calzados, tantos temores... Sí, todo qué bien pagado con el conocimiento de este padre de su alma que el Señor le regalaba ahora a la vejez.

—¿Y cómo son por dentro los castillos, tía?

—Grandes...

—¡Ah!

—Más grandes de lo que parecen por fuera.

—¿Y qué tienen que son tan grandes?

—Pues muchas estancias arriba y abajo y a los lados.

Hay torres, fuentes, escalas, muebles, cortinajes, alfombras, lámparas... En fin, todo lo que puede haber, pero muy precioso y muy rico todo, y de mucho deleite.

—¿Y hay gente, tía?

—Cierto que hay gente. Están los alcaides...

—¿Y quiénes son esos?

—Los que tienen a su cargo la guarda y defensa de la fortaleza.

—¡Ah! –decía la niña con ojos muy abiertos.

—Y están los mayordomos...

—¿Y esos?

—Son los que tienen a cargo a toda la servidumbre, que son muchos, y llevan la administración del castillo.

—¿Y quiénes más hay?

—Pues también los maestresalas, que son los que sirven a la mesa del señor y han de probar antes los alimentos.

—¡Ah...! ¿Y quién es el señor, tía?

—Pues quién ha de ser... El señor del castillo, su dueño, el que todo lo ordena y todo lo gobierna.

—¡Ah! –volvió a decir la niña mientras imaginaba todo aquello.

—¿Y qué? ¿Quiere ser la mi Teresita señora de un castillo?

—No. Yo quiero ser monja priora.

La madre se echó a reír al escuchar aquello.

—Pero ha de saber ella que también nosotras tenemos un castillo... –dijo entonces Teresa con aire de misterio.

—¿Un castillo? ¿Dónde? –preguntó la niña.

—Aquí dentro –dijo señalándole el pecho–. Ahí, donde está nuestro Señor.

La sobrinilla, después de un rato, quedó embebecida otra vez mirando el paisaje. Y Teresa volvió a sus recuerdos.

Ahora le mandaban decir que se recogiese, que ya estaba bien de andar de acá para allá, que estuviera quieta y parasen las fundaciones... Esas habían sido las órdenes del general hace ya unos meses. A saber con qué nuevas le habían ido y qué de injurias habían dicho de ella, que de nada valieron las cartas que le escribió para aplacar su enojo. Y para colmo mandaba un nuevo vicario, a Jerónimo Tostado, que menudas ínfulas traía el hombre sin otro despropósito que el deshacer a los descalzos, y eso, a tostarlos a todos.

Pero no. Antes de recluirse había de pasar por Malagón todavía, a ver qué pasaba con la casa nueva. Vamos, que no había tanta prisa. Además ya estaba en Castilla y eso, que lo primero es lo primero.

En este momento se paró el coche.

—Vamos a bajar, que hay aquí buena sombra al lado de esta venta para descansar y comer –dijo Lorenzo abriendo la puerta.

Y allí se sentaron todos y sacaron las viandas que traían, que aún quedaba algo de queso y de pan, y fueron a por agua y a por vino. Todos decían que qué bien se estaba haciendo el viaje, que aún no había acaecido ningún contratiempo, y hacían cálculos de cuándo llegarían a Almodóvar. Entonces fue cuando la madre Teresa empezó a descomponerse toda con gran espanto de los presentes.

—¡Ay! ¡Ay, ay! –gritó con grandes voces impropias en ella.

Acudió presto Lorenzo, que hablaba con el padre Gregorio Nacianceno y Diego Rodríguez.

—¿Qué tiene? ¿Qué pasa? –preguntó alarmado al ver a su hermana hacer movimientos extraños y dando saltos.

—¡Un bicho! ¡Ah...! ¡Un bicho que se me ha metido! ¡Ay, ay, ay! –decía Teresa harto aterrorizada, moviéndose toda, como si le hubiera dado el baile de San Vito.

—Pero, ¿dónde? ¿Dónde?

—Estese quieta, madre, que por ventura sea una culebra que la pueda morder... –quiso animar entonces Diego.

—¡Ay, ay, ay! ¡Ayúdenme, por Dios se lo pido! ¡En el brazo! ¡En el brazo lo tengo! –y en diciendo esto a grandes voces se movía como quien está posesa del mismo demonio.

Entonces Lorenzo sujetó el brazo izquierdo a su hermana, después de varios intentos, que ella con los nervios no dejaba hacer, y atentó cerca del hombro procurando atrapar el bicho.

—Padre, ¿lo tiene ya? –decía Teresita saltando alrededor, emocionada con esta aventura.

—Sí, sí. Ya parece que lo tengo... Aquí está –decía él, que poco a poco fue bajando al bicho con grandes aspavientos de Teresa, que era para ver el rostro que mostraba de repugnancia, como cuando se está delante de algo de mucha pestilencia.

—¡Ay, qué asco, Dios mío! ¡Qué asco! ¡Qué espanto! –seguía diciendo ella.

Cuando ya Lorenzo lo pudo sacar de la manga del hábito se descubrió no ser más que una salamanquesa, la cogió entonces con la mano y fue a tirarla con tanto acierto que dio con ella en la misma boca de Antonio Ruiz, el cual se había quedado con un bocado de queso a medio camino, en perfecta contemplación de la escena que tenía delante.

Todos vieron ahora descomponerse a Antonio, que no sabía cómo desembarazarse del animalillo y dejó caer el trozo de queso, estándose él también con movimientos extraños hasta que la salamanquesa voló por los aires sin acertar ahora en dar a nadie.

Entonces la madre Teresa se echó a reír de muy buena gana para desconcierto de los presentes.

—Mire, padre, ahora le entra la risa a mi tía... –dijo Teresita.

—¡Ay, sí! –dijo ella–. Que es cosa para reírse después que pasa y se piensa, que bien se me pudo haber entrado en otro sitio peor...

Todos rieron con ella y, tranquilos ya, dieron buena cuenta de la comida.

Capítulo 34

Que dice que son las cartas a manera de brazos largos que se extienden hasta llegar adonde el corazón desea

—Papel y tinta... cinco reales –apuntó con mucho cuidado la hermana tornera en el libro de cuentas.

—Pues con este fajo bien podrían vuestras mercedes escribir un libro –le había dicho el mancebo que les llevó el papel al convento.

—En llegando la madre Teresa, ya se sabe, que es lo primero en procurar... ¿Será bueno? –preguntó la monja atentando el papel.

—Del mejor que había, como me lo encargaron... ¿Y todo se lo ha de escribir ella sola?

—¡Uy, y será poco!

Ana de los Ángeles, la priora, lo cogió todo y lo llevó a la celda que habían dispuesto para la madre y que tenía mucha luz porque daba al mediodía.

—Aquí podrá estar tranquila para escribir.

—¡Ay! Y que no me vea yo libre de este oficio... –se quejó Teresa cuando vio lo que le traían.

—¿Y cómo si no llegaría a todos?

—Cierto, hija, que es menester muchas manos para escribir a tantos.

Era verdad. Ahora que estaba retenida en Toledo, bien sabedora era ella de que había de llegar a tantos sitios con la pluma... Porque podían detenerla, prohibirle que se moviera, que ya no fundara más... Pero, ¿cómo detener el corazón de una madre? Cosa imposible es ello. Por eso volvió a olvidarse una vez más de su salud y de sus pocas ganas, pues aunque pasara horas de mucho abatimiento por toda la guerra contra los descalzos, se propuso a sí misma ser ánimo y fortaleza para todos, muy en especial para los que estaban más lejos y en mayor peligro.

> *«Anoche estaba leyendo la historia de Moisés –le escribía al padre Gracián– y los trabajos que daba a aquel rey con aquellas plagas y a todo el reino, y cómo nunca tocaron a él; que en forma me espanta y alegra de ver que cuando el Señor quiere, no hay nadie poderoso de dañar...».*

Y le seguía diciendo que lo que ahora ellos pedían, que era tener provincia aparte, no era nada comparado con lo del mar Bermejo, y cómo así los escucharía el Señor.

Con la pluma se acercaba a la cabecera de las hijas que estaban enfermas y no dejaba de dar consejos y recetas, recomendando mucho que comieran bien, que se cuidaran para acabar de curarse, y también se enojaba cuando alguna le ocultaba sus males por no darle a ella disgusto...

Daba recaudos para este y para el otro, para el que se fue y el que había de venir. Hasta de Blasico, el monaguillo de Sevilla, se acordaba. No, que no piense nadie que ella no se acuerda, que no le quiere. Eso no.

Así se pasaban las horas escribiendo. Tonta se le ponía la cabeza, que ya hasta confundía los nombres de unos y de otros... Pero aún le quedaba alguna por contestar y había que aprovechar que mañana venía el correo... Ya era cerca de media noche, haría un pequeño esfuerzo todavía.

Luego daban las dos de la madrugada. Apagaba la vela y se iba a dormir.

Al día siguiente llamaban al torno:

—Alabado sea Jesucristo –saludaba la tornera.

—Por siempre sea alabado... Que traigo unos correos para la madre Teresa de Jesús.

Y así iban llegando cartas y más cartas, y con ellas algunos presentes.

—Mire, madre, estos besugos envueltos en pan que mandan de Ávila.

—Esos serán de Lorenzo, mi hermano; que como sabe que aquí es mal sitio para que llegue la pesca... ¡Dios se lo pague, que da gloria verlos!

—Y estos limones, el agua de azahar y los brinquinillos son de Sevilla.

—¡Bendito sea Dios! Mírenlas, se creen ellas que son unas reinas y así regalan...

Entre las cartas, una del padre Mariano, diciéndole que bien se podía fundar en Madrid y en Salamanca convento de frailes... Y luego, más abajo le comentaba como de paso que otro fraile iba diciendo de ella que había mandado que anduvieran todos descalzos, que así era a los principios, que qué había de ello.

Cuando leyó esto se enojó un poco y cogió la pluma con mucho remango yéndole a la mano. ¡Ahora le iban a venir con esas nuevas...! ¿Será posible?

Y le escribía que lo que ella deseaba es que entraran buenos talentos y se dejaran de tanta aspereza, que así no iban a parte alguna. Que sí, sí; mucho rigor, y luego para ir al pueblo de al lado se cogían buenas mulas con sus sillas pudiendo muy bien ir andando, y no por eso se iban a herniar.

Que a ver cómo se casa lo uno con lo otro... Y por eso quería ella buenos talentos, para que distinguiesen bien las cosas.

Seguían llegando cartas y le consultaban negocios grandes y chicos.

Que si cantaban en el coro, les preguntaban las de Sevilla, siendo ahora tan pocas...

«En ninguna manera –contestaba Teresa–, *que es para infamarnos a todas».*

Alguna vez se asomaba por allí Isabelita, la hermanilla del padre Gracián, que se criaba en el convento, y aunque le decían que no fuera a molestar a la madre, que estaba escribiendo, la niña, con mucho cuidado de que no la vieran las otras, se acercaba callandito y le llevaba una flor de la huerta.

—¡Ay, la mi Bela, qué bonita es ella! –le decía con cariño haciéndole una caricia en el rostro.

La criatura se sonreía, pero a la madre le notaba una manera extraña de poner la boca.

—A ver, hija, acércate más... Pero, dime, ¿es que tú no te sabes reír?

—Sí que sé.

—Pues cómo es ello que no lo parece...

—No sé...

—A ver. Cierra la boca... –y en eso que le tocaba los labios y se los movía hacia arriba, pero la expresión no era natural–. Pues, ¿qué será ello...? A ver, abre la boca y ríe ahora.

Y la niña se reía como sabía, muy fríamente.

—Pues, hija, no sé cómo ponértela, que la tienes muy frígida... A ver, ahora no te rías... Así...

La niña entonces se ponía tan seria que daba pena verla.

—Tampoco es eso. No sé cómo se ha de hacer.

—Madre, la culpa la tiene la boca que tengo, no yo.

—En eso dices verdad... –decía Teresa echándose a reír.

—Entonces ¿cómo he de reírme?

—Como puedas, hija, pero ríete, que si no, no te doy la Profesión.

Gracias a estos ratos se podían llevar otros, que más bien hacían preparar el semblante para llorar muy compungidamente, y no era para menos al ver cómo arreciaban las contradicciones en la Orden. A Teresa una se la iba y otra se la venía con todo lo que estaba acaeciendo, pues eran tiempos muy recios y puestos los frailes a ser bravos no hay quien los gane a levantar infamias. ¡Bueno estaría que después de tantos trabajos todo lo comenzado se fuera al traste! Una persona en Roma que saliera por ellos y que desmintiera tantas falsedades es lo que les convenía, que cansada estaba ya de decirlo, que fuera alguien allá a decir la verdad de lo que pasaba, pues otra solución no hallarían... Bien que encargaba a sus monjas encomendaran a Dios todos estos negocios, y muy especialmente al padre Gracián y al nuncio...

Así sigue escribiendo un poco más, dando consejos, encomiendas, se pasaban las horas de la tarde y de la noche... Hasta se acuerda del hermano del rey:

> *«También encomienden a Dios a don Juan de Austria, que ha ido disimulado a Flandes por criado de un flamenco...».*

Y es que espantada se quedó cuando le contaron que don Juan había teñido su cabello y su barba y disfrazado se fue a aquellas tierras... Dios le guarde.

Pero ya no puede más.

La una y media. Apaga la vela y se va a dormir.

Al día siguiente se siente mal, demasiado mal para disimularlo. La priora hace llamar al médico con presteza, y este lo que hace es reñirla una vez más.

—Que no son horas, madre Teresa; que ya le digo que tiene que dormir más y no me obedece, ¿no ve que tiene muy quebrantada la salud?

—¿Y qué hago con ello? –le preguntó mirando al fajo de cartas apiladas en el poyo de la ventana.

El médico se volvió y quedó espantado de la cantidad de papeles que allí aguardaban.

—Vaya poco a poco. No se puede quedar levantada hasta más de la doce, y ya harto es. ¿Me obedecerá?

—¡Ay! Pierda cuidado vuestra merced.

—Y otras veces ayúdese de alguna hermana que le haga de amanuense. Eso es lo que ha de hacer.

Ese día se queda en la cama por obediencia, pero hace que venga una monja muy moza que tiene buena letra y se la ve muy lista.

La hermana María de Jesús, que ha poco entró en esta casa de Toledo, acude toda contenta al lado de la madre Teresa.

—¿Me mandó llamar? –pregunta con timidez.

—Ea, venga aquí mi letradillo, que me va a ayudar ella a seguir con el libro de las fundaciones. Vaya escribiendo lo que yo le diré al dictado.

Entonces va Teresa desgranando recuerdos de las últimas fundaciones y aprovecha, como no puede ser menos, para dar avisos y consejos sobre oración o cómo han de ser las relaciones cuando se vive en comunidad y de todo lo que es menester.

Más tarde le traen algo de comer y la dejan sola. Es el momento que Isabelita aprovecha para colarse sin que la vean las otras y abre con cuidado la puerta, solo una rendija, lo justo para asomarse y mirar... Y como ve que la madre está sentada ya se atreve a abrir más...

—Venga aquí la mi Bela, que la quiero yo ver.

La niña entra y le da otra flor.

—¿Quieres un poquito de melón? –le pregunta Teresa.

—No.

—¿Por qué? ¿No te gusta?

—Sí..., pero es que está muy frío y me atruena la garganta.

La madre se echa a reír de buena gana.

Después, a lo largo de la tarde, sigue con las cartas, aunque no tantas como otros días, para que no la riñan.

Que no comiera con los calzados, le dice al padre Gracián, que muy capaces son ellos de envenenarlo... Si fuere menester, un huevo duro, que en ello no hay peligro.

Y es que desde que el nuevo vicario, Jerónimo Tostado, llegara con el despropósito de deshacerlos a todos, este era todo su cuidado. Al menos el nuncio y el rey estaban de parte de los descalzos... Claro, que váyase a saber cuánto duraría el nuncio, que era un santo el hombre, pero ya viejo y con harta poca salud, por eso lo llamaba ella Matusalén, por los años que tenía y porque ahora había de poner motes a todos. ¡A ver, qué remedio!

El Tostado, que no se le ponía nada por delante, procuraba detener por el camino los correos que la madre mandaba al padre Gracián, y al revés, los que este le mandaba a la madre Teresa. Esta era la causa de por qué al nuevo vicario se lo llevaban los demonios si alguna vez conseguía hacerse con una carta y en ella se hablaba de Matusalén o de gatos, mariposas y cigarras... O de un tal Pablo y de una tal Ángela... porque a saber Dios quiénes eran ellos.

—¡Se burlan! ¡Se burlan! –decía enfurecido–. ¡Ya me las pagarán todas juntas!

Por eso Teresa, visto el panorama, quería que se hiciese provincia aparte y se nombrara un provincial solo para los descalzos y que las monjas también estuvieran independientes.

«¡Oh, qué deseo tengo de ver a las monjas todas quitadas de la sujeción de los calzados! En viendo hecha provincia he de poner la vida en esto, porque de aquí viene todo su mal» –escribía en otra carta.

Ella no hacía más que pedir a todos que rezaran por Matusalén para que se curase y los siguiese protegiendo, porque en faltando él sería la perdición. Y algo se mejoró el hombre y fue cuando ordenó que se le mandaran las patentes con que se habían fundado estas casas, y cuántas son, y adónde, y cuántas monjas y de dónde y la edad que tienen... En fin, que todo lo quería saber para tener atados bien todos los cabos, por si acaso.

Dieron las doce. Apagó la vela y se fue a dormir.

Dos melones le mandó a Diego de Guzmán al día siguiente. Y a las de Caravaca les regala dos imágenes, una de nuestra Señora, que harta soledad le hace, y otra de san José. Un jarabe «del rey de los medos» a la priora de Valladolid, y le asegura que a ella le ha dado la vida y ningún mal puede hacer.

A las de Beas, cuando le cuentan que las están matando a pleitos, las consuela diciendo que muy sin trabajo se hizo aquella fundación, que ahora porque tengan estos padecimientos no se han de quejar, que no todo va a ser miel sobre hojuelas... ¡Bueno estaría!

Pero otras veces lo que le pasa es muy distinto. No es esta barahúnda de cosas que van y vienen, de encomiendas y recaudos, de dineros que no llegan, de alquileres, pleitos, monjas melancólicas, negocios obligados... Otras veces deja la pluma que pose tranquila y muda, y se va entonces la dama herida a solas con el que la hirió y allí son todas sus pláticas y allí es contarle todas sus penas y sus miedos y preguntarle si no se perderá ella entre tantos trabajos como tiene... Allí es todo su silencio, hasta que se deja oír la voz del Amado que le dice:

—*Búscate en mí...*

Entonces la palabra de Él empieza a dar vueltas en el corazón de ella, y a despedir rayos luminosos, que son los distintos sentidos que encierra dicha palabra que es tan poderosa.

Búscate en mí... Le repite una y otra vez... *Búscate en mí*. Se acuerda entonces de sus amigos de Ávila y le entran ganas de compartir con ellos estas cosas que le acaecen por dentro.

No lo piensa más; como quien no tiene otra cosa que hacer sino entretenerse con las amistades, coge la pluma –una de tantas como tiene, que luego ninguna le convence de lo mareadas que las trae–, y se pone a escribir cartas para Ávila: a don Álvaro el obispo, a fray Juan de la Cruz, a don Francisco Salcedo, a su hermano Lorenzo... Les reúne a todos en un juego con las descalzas de allí, que miren a ver qué significan para ellos esas palabras de *búscate en mí*; que luego le manden a ella la contestación y que ya se verá si aciertan o yerran en lo que dicen.

Al cabo de una semana llegan los resultados a Toledo. Ninguno da en el blanco y Teresa se ríe con este vejamen...

La solución la da ella con unas coplillas que inventa:

Alma buscarte has en mí
y a mí buscarte has en ti.

De tal suerte pudo amor,
alma, en Mí te retratar,
que ningún sabio pintor
supiera con tal primor
tal imagen estampar.

Fuiste por amor criada
hermosa, bella y así

en mis entrañas pintadas;
si te perdieres, mi amada,
alma, buscarte has en Mí.

Que yo sé que te hallarás
en mi pecho retratada,
que si te ves, te holgarás,
viéndote tan bien pintada.

Y si acaso no supieres
dónde me hallarás a Mí,
no andes de aquí para allí.
Si no, si hallarme quisieres,
a Mí buscarme has en ti.

Porque tú eres mi aposento,
eres mi casa y morada,
y así llamo en cualquier tiempo,
si hallo en tu pensamiento
estar la puerta cerrada.

Fuera de ti no hay buscarme,
porque para hallarme a Mí
bastará solo llamarme;
que a ti iré sin tardarme,
y a Mí buscarme has en ti.

Mil manos fueren menester
para llegar con la pluma a todos
los cabos, mil manos para decir
lo que el corazón desborda.

Capítulo 35

Que dice de un castillo interior en el que se nos está esperando y donde podemos correr la más maravillosa aventura de toda nuestra vida

Era de cristal muy claro. Como un diamante, así de hermoso... Eso es, como entrar dentro de un diamante... O como si el mismo diamante fuera un castillo... Todo resplandeciente, todo iluminado, de harta transparencia, de una riqueza que no se sabe cómo encarecer, porque el palacio de más lujo que haya en la tierra no tiene comparación ninguna con este, que es lo más precioso que en el mundo se pudiera hallar.

Cuando lo vio se quedó muda de tanta admiración... ¿Era posible que existiera algo tan bello? Llena de polvo, sedienta y harto fatigada de los muchos caminos, se sentó en una piedra a contemplar... A lo lejos se oía una música dulce, como de flauta. Allí se quedó como pasmada, sin que contara el tiempo.

—¿Por qué no entráis? –dijo una voz a su espalda.

Ella se sobresaltó. Había creído que estaba sola. Se volvió y pudo ver a un hombre entre los arbustos, con trazas de pastor. Llevaba una flauta en la mano.

—¿Yo? ¿Por qué había de entrar? –preguntó ella.

—Porque tiempo ha que os esperan –dijo el desconocido sonriéndole.

Ella se turbó al pensar que la habían confundido con otra.

—No, no. Se equivoca. A mí no me espera nadie.

—Pero, ¿cómo? ¿No lo sabéis? Os están esperando, ¡daos prisa! Solo el deseo será quien os abra las puertas.

Se volvió otra vez para mirar el castillo que estaba a un trecho, delante de ella. Jamás viera algo parecido y era cierto que no conocía a nadie que viviera en tal lugar. A usadas que se estaban burlando de ella... Pero cuando fue a contestar al pastor, este ya no estaba. Se había ido y por más que miró y remiró, no lo volvió a ver. Ni rastro.

Pasaron las horas y fue la sed y el hambre los que hicieron que se pusiera en pie y se acercase a aquellas pesadas compuertas que parecían estar selladas desde hacía mucho tiempo. ¿Y si acaso estuviera vacío? Estuvo mirando por la cerca... Si al menos apareciera el pastor le podría preguntar dónde había agua. Le gustaría volver a oír su música, su voz melodiosa... Intentaba recordar sus palabras... De pronto, mientras miraba entre la hierba, descubrió unos palmitos y se alegró porque así podría llevarse algo a la boca. Cogió uno y conforme iba quitando las distintas capas para llegar al cogollo, que es lo que se come, se acordó: solo el deseo podía abrir las puertas, le había dicho...

Fue así como empezó a tener grandes deseos de entrar en el castillo para hallar dentro refrigerio y algún descanso, para averiguar si era cierto que alguien la estaba esperando. ¡Es tanto el deleite que alguien nos espere en algún sitio! Y al cabo de irle creciendo el deseo en el corazón se comenzó a oír el chirrido de gruesas cadenas que iban abriendo las compuertas.

Nadie le impidió la entrada. Había un jardín harto precioso antes de llegar a la puerta principal, la cual se pudo abrir después de desear ver lo que dentro había. Cuando esto consiguió, un vientecillo arrastró las hojas secas que se arremolinaron y entraron con ella en las primeras estancias. También algunas lagartijas que corrieron asustadas se colaron dentro.

Con el miedo de quien entra en casa ajena, sin licencia, fue dando los primeros pasos y descubriendo todo lo que allí había, que eran muchas moradas arriba y abajo y a los lados. Escaleras alfombradas que la llevaban a otras piezas. Puertas cerradas que se abrían con el deseo... Y en una de ellas, lo encontró. Era un lienzo grande, el retrato de un hombre que parecía mirar hacia todos los lados según se le contemplara. Era un rostro muy hermoso, como no lo había visto nunca. Se preguntó si no sería el señor del castillo.

Pero luego tuvo que salir de allí, porque había sirvientes que iban y venían con mucho trasiego, subían, bajaban, limpiaban, trasladaban cosas de un sitio a otro, frotaban, sacaban brillo, como quienes están haciendo los preparativos para algo de importancia que va a acaecer. Todos a las órdenes de un mayordomo que mandaba a este y a aquel y también a ella misma si se terciaba, sin preguntarle su paradero ni qué hacía allí, le ordenaba que fuera a otras salas por las que ya había pasado para que no estorbara el paso o le ponía en las manos alguna cosa que había de sujetar, esperando allí, sin poder seguir adelante, sin poder ir otra vez a contemplar el lienzo...

—Tomad, aguardad aquí con esto –le dijeron de pronto.

Un gran esportón con hojas de moras le colocaron entre los brazos, que casi no podía con él y harto trabajo era que no se cayera.

—¿Para qué son tantas hojas? –se atrevió a preguntar.

—Para los gusanos de seda, ¿para qué van a ser? –le contestaron de mala gana.

—¿Tantas?

—¡Una estancia llena de gusanos! Todos han de comer...

—¿Y para qué quieren tantos gusanos?

—¡Qué ignorancia! ¡Tantos gusanos, tantos gusanos! ¿Para qué van a ser? Ellos hacen la seda para el velo de bodas.

—¡Ah!

Fue entonces cuando empezó a considerar que todos aquellos preparativos eran ciertamente para una boda.

En cuanto pudo se escabulló, dejó el esportón en el suelo y salió por una puerta que conducía a un jardín todo lleno de fronda y de flores preciosas. En el centro había un pilón hecho en el mismo nacimiento del agua, el cual se iba hinchando sin ningún ruido y de él procedía un arroyico que iba regando todo el huerto. Aquel frescor y silencio la hicieron descansar y recrearse. Mientras bebía de aguas tan cristalinas oyó a lo lejos la música de una flauta y su corazón saltó de alegría al recordar al pastor que la había animado a entrar allí.

Luego, cuando se volvió a sentar cabe la fuente, tuvo la sensación de que alguien la miraba, que no estaba sola en aquel lugar... Miró a su alrededor con detenimiento y vio entonces a aquel hombre asomado a la ventana, observándola. Era el mismo que el del cuadro, estaba segura. Sus miradas se cruzaron un instante, pero al momento él desapareció.

A partir de entonces fue cuando ella se dedicó a buscarle por el castillo. Ya no le interesaba tanto descubrir las riquezas que allí había, solo deseaba volverle a ver... Y tanto era el deseo que así acaeció algunas veces, que aunque era muy fugaz su aparición, como un rayo, se volvían a cruzar sus miradas en la distancia, eso era al principio y luego más cerca, cada vez más... Ella quería ver el color de sus ojos, pero no había manera... Siempre se volvía a ir.

Pasó que un día él se quedó más tiempo y le habló al corazón como nadie lo había hecho. La mujer supo, sin duda alguna, que se había enamorado... Pero no era esto de continuo, porque su amado volvía a irse, dejándola cada vez más herida, con el recuerdo de su rostro y de su voz melodiosa. ¿Por qué había de ser así?, se preguntaba. ¿Por qué tanto se le escondía? ¿Acaso no se habían dado las manos en el último encuentro? ¿O lo había soñado?

Así se pasó algún tiempo más, que muy largo se le hacía y muy penosa la ausencia: era sufrir la muerte que todo amor trae consigo, ver cómo el corazón sangra sin remedio y pareciendo que se va la vida. Hasta pensaba a veces que todo aquello había sido un sueño, nada que ver con la realidad. ¿Lo había visto siquiera alguna vez? ¿Habían sido ciertas sus palabras o acaso su fantasía las había fabricado?... A la mujer enamorada todo se le iba en lágrimas.

Todo era un desierto ardiente que no acababa, en el que se moría de sed.

Luego llegaban otros momentos en que no todo era tan oscuro, como si una débil luz apuntara en el hondón del alma y le impidiera dudar de todo lo que había sido. Y era cierto que su vida ahora tenía otro sentido tan distinto al de antes, ya eran otros los intereses, otros los sueños, otro el lenguaje, pues ya iba conociendo los secretos del corazón, una lengua extraña que solo los enamorados conocen. Tan distinta se veía que parecía no conocerse a sí misma.

En el desierto surgía entonces como una fontecica la esperanza de volverle a ver, de escucharle una vez más.

Y volvía una y otra vez el corazón a sufrir esos aceleramientos de amores, que llegaron un día a verse cumplidos después de mucho esperar. Un día en el que vio volar a su alrededor muchas mariposicas blancas, tantas que le pareció cosa muy extraña. Un día que de repente vinieron a por su persona y le pusieron un velo de seda y la condujeron por sitios que ella no conocía, por caminos muy claros, hasta llevarla a un palacio que había dentro del castillo aquel, si cabe de mucha más hermosura, más luminoso, más resplandeciente, más... ¡Ah! Dentro, allí, en lo más secreto, él la esperaba... Vio al señor del castillo, al Rey, que estaba esperándola, que no era otro que su amado. Y vio que en su mano llevaba una flauta, porque también era el pastor...

Y luego ya sí, gozó de la visión de estas postreras moradas tan llenas de todos los bienes, donde se deleita un Rey tan poderoso, tan sabio, tan limpio... En cuyos ojos se vio ella misma retratada, imprimida con una belleza que nunca pudo imaginar.

Vio cómo él la miraba y sintió recibir el ser de este sol de justicia.

Cabe él fue donde encontró la paz que ya no se pierde, por más trabajos y guerras que se sufran de por fuera, pues nada ni nadie hay que la haga quitar al alma de allí...

—¡Ay, y pensar que tanta hermosura está dentro de nosotros mismos...! –suspiró la madre Teresa ante las consideraciones que el Señor le estaba dando aquella tarde.

Le dolía la cabeza, como si tuviera en ella el ruido de aguas caudalosas y el silbido de muchos pajaritos... Pero había de escribir todo eso... No podía callar tan harta hermosura. No podía tapar tan potente luminaria. Y tornó a coger la pluma. Era el día de la Santísima Trinidad, aquel dos de junio de mil quinientos setenta y siete.

—Madre, esos papeles que escribe ya no son de las fundaciones, ¿verdad? –preguntó Juana del Espíritu Santo al pasar por allí.

—Así es... –dijo Teresa mientras dejaba de escribir para mirarla.

—Pues ha de ser muy deleitosa su lectura.

—¿Y por qué se lo parece a ella?

—Porque tiene el rostro muy encendido, que da gloria mirarla mientras lo está escribiendo.

Teresa, que sentía cómo su ser entero estaba como abrasado por dentro y por fuera, y podía mirar todo desde aquella postrera morada, sonrió a la hermana Juana.

—Sí, hija, será un deleite leerlo. ¡Ya lo verá!

Y era cierto que aquellas palabras le estaban saliendo más ligeras que otras, igual que si se le fueran escapando, o como si escribiera al dictado de alguien y ella no tuviera nada que pensar.

Tal vez el libro de su vida no lo pudiera recuperar, que harta pena tenía por ello. Y don Álvaro no quería deshacerse de la copia que él tenía y no se la acababa de mandar. Pero este otro estaba saliendo mucho mejor. Este otro era todo como una joya, que le hacía muchas ventajas a aquel, con más delicados esmaltes y labores, y el oro de más subidos quilates... En fin, como hecho por mandado del vidriero celestial.

Capítulo 36

Que habla de una elección machucada y de un rapto y de otras muchas contradicciones insufrideras que hubo en la Orden

Como el que ha pasado muchas noches sin pegar ojo o como el que tiene mal de estómago y todo se le vuelve amargor en la boca... Así de amostazado llegó el padre Juan de la Magdalena, provincial que era de Castilla, al monasterio de La Encarnación.

Iba a presidir las elecciones que tenían las monjas aquel siete de octubre, y lo primero que hizo fue despachar con muy mal temple a fray Juan de la Cruz y a fray Germán, que estaban por ser confesores, y aunque tenían derecho a estar presentes, les dijo que allí no pintaban ellos nada, que andando. Lo segundo fue decirle a la comunidad que mucho cuidadito con votar de priora a la madre Teresa, que ni se la mentaran, que eran órdenes del padre vicario general.

Y estas dos disposiciones de entrada contrariaron mucho a las monjas, que ni un pelo de gracia les hizo los aires del *madaleno*, que así era su mote, porque buena gana de gastar más saliva de la que es menester en nombrar a tales personas.

Pues con este sabor a vinagre empezaron las elecciones y se principió a abrir papeles, y la primera vez que salió el nombre de Teresa de Jesús, el *madaleno* se hinchó de cólera y agarró el papel y lo arrugó con todo el desprecio del mundo y, una vez que lo tenía así de inservible, con una llave grande que él tenía lo machacó igual que se hace cuando se machacan los ajos en el mortero. Igual.

—¡Pum! ¡Pum! ¡Pum! –sonaba en la mesa.

Y algunas veces salían otros nombres, pero el de la madre Teresa era el que más se oía porque era el deseo de las monjas que volviese con ellas, pues se habían visto harto aventajadas todas en su priorato anterior.

Pero entonces se volvía a repetir lo mismo una y otra vez. El *madaleno*, cada vez más descompuesto, cogía el papel con furia, lo arrugaba con mucho frenesí y con la llave iba machacando uno tras otro, diciendo grandes improperios, así hasta cincuenta y cuatro votos, que al final mucho le debía de doler la mano con tanto machacamiento, y no menos la garganta, por el amargor y la cólera que ponía en lo que iba diciendo.

—¡Descomulgadas! ¡Todas las que han votado a Teresa de Jesús están descomulgadas!

Fue cosa de mucho escándalo que se extendió enseguida. La madre, ya lo dijo ella, bien sabía que esto no era más que el principio de todo lo que estaba por llegar.

Desde julio se encontraba ella en San José de Ávila. Mucha prisa le había entrado por venirse de Toledo cuando le llegó la noticia de la muerte de *Matusalén*, el nuncio, que era todo un santo. Se le había metido en la cabeza que había de poner a esta casa también bajo la Orden, como estaban todas las demás, y no bajo el obispo.

—Pero, madre, ahora precisamente que andan los descalzos tan perseguidos, ¿no será mejor que sigan bajo mi autoridad? –le había dicho el obispo don Álvaro.

—No. Lo que sea, que sea para todas igual, que hemos de estar unidas en esta batalla.

—Está bien, como quiera... ¿Sabe algo del nuevo nuncio? Me he enterado de que es algo deudo del papa...

—Yo lo único que sé es que el otro era un santo y este me temo que nos lo manda Dios para ejercitarnos en padecer –le había comentado triste.

Y no es que dudara Teresa de que el nuevo nuncio de Su Santidad, Felipe Sega, fuera siervo de Dios, sino que se echaba de ver que había comenzado a tomar muy a pechos el favorecer a los otros, los del paño...

Todas estas cosas traía a su memoria aquella mañana de diciembre, que al haber terminado ya el libro del *Castillo interior,* se había puesto a hacer unas bolillas de lana, de esas que sirven para calentarse las manos, a su hermano Pedro, que andaba el pobre con muchos desajustes en la cabeza y que no era otra cosa que humor de melancolía, teniendo a todos en vilo, como pasa siempre con estas personas. Ella le aconsejaba al otro hermano, a Lorenzo, que lo llevara con paciencia, que se había cerciorado mucho y todos le habían dicho que para estos males había poca solución.

Ya estaba terminando las bolillas cuando vino la tornera a decirle que estaba esperándola doña Guiomar.

—No sé qué le pasa, pero viene muy desconsolada y con hartas lágrimas –le dijo la hermana.

Teresa dejó presto la labor y de camino al locutorio iba haciendo cábalas de qué le pasaría a esta su gran amiga, que desde los comienzos tanto la había ayudado. Ya desde la puerta la oyó sollozar.

—¡Alabado sea Jesucristo! ¿Pero qué tiene para venir con esas lágrimas? ¡Dígame, por Dios se lo pido!

—¡Ay, madre, qué desgracia! –logró decir muy compungida, para ahogarse otra vez en un gemido.

—¿Cuál es la desgracia? Sosiéguese y cuéntemelo ahora mismo.

—¡Los han raptado!... ¡Ay, qué desgracia más grande!

—¡Dios bendito! ¿A quién han raptado! –preguntó con algo de desesperación por no entender del todo a doña Guiomar, que no cesaba en su llanto.

—A fray Juan de la Cruz y a fray Germán...

Teresa cerró los ojos por un momento y se quedó sin decir nada.

—No hay rastro de ellos... –siguió diciendo la amiga–. Las puertas todas descerrajadas... Seguro que esta noche se los llevaron...

La madre seguía callada, pensativa, seria.

—¿Y quién podrá favorecernos ahora? ¿Quién nos ayudará a encontrarlos? –seguía diciendo entre lágrimas doña Guiomar–. ¿Quién saldrá por ellos?

Esa era la verdad, que no había nadie... También al padre Gracián le levantaban ahora grandes calumnias, y estando él así de infamado cómo iba a poder ayudarles.

—No llore, hija, que todavía hay alguien en esta tierra que mira por nosotros –dijo entonces Teresa sobreponiéndose.

—¿Quién?

—El rey. Yo le escribiré. Él nos ha de escuchar.

Con esta respuesta y otras consideraciones se fue la señora más consolada a su casa. Confiaba plenamente en la madre y sabía que removería Roma con Santiago por encontrar a fray Juan, a quien ella tanto quería.

Ese mismo día, sin tardanza, se puso Teresa a escribir a Su Majestad el rey contándole todo lo que había pasado en La Encarnación y cómo habiendo puesto ella misma dos frailes descalzos por confesores, para remedio de las monjas según el recogimiento y religión que se pretende, ahora resulta que vienen los otros, los no reformados, los del paño, y se llevan por la fuerza a los dos frailes:

«... Estando este lugar tan cerca de adonde está vuestra majestad, que ni parece temen que hay justicia ni Dios...» –escribía ella con mano firme.

Y le decía también que estaba muy lastimada de verlos presos, que fuera mejor que estuvieran entre moros, porque a lo mejor encontraran más piedad.

«Por amor de nuestro Señor suplico a vuestra majestad mande con brevedad les rescaten... Si vuestra majestad no manda poner remedio, no sé en qué se ha de parar, porque ningún otro tenemos en la tierra...».

Luego mandó llamar un correo que fuera bien seguro, sin escatimar dineros. Y se puso a esperar.

Pasó un día y otro y otro... Pasó una semana y otra y otra... Y llegó Navidad. Ni rastro, nadie sabía nada.

La madre Teresa no escribió ningún villancico ni cogió ni una sola vez las castañuelas, como gustaba hacer por estas fiestas otros años.

Tal vez fuera la pena que le nublaba muchas veces los ojos, o porque ya se sentía ella vieja y las piernas le flaqueaban, o porque las desgracias siempre vienen dadas en racimos, como las uvas... O tal vez fuera el demonio, quién sabe. El caso es que, al ir a rezar un día, la madre dio un traspié y cayó rodando escaleras abajo rompiéndose el brazo izquierdo.

—Esto no es nada –le decía ella después a la enfermera, Ana de San Bartolomé–. Más me hubiera valido que me arrojaran al mar como hicieron con el profeta Jonás, para que se calme de una vez esta tempestad en la Orden, que de todo tengo yo la culpa.

—No diga eso, madre, que es afligirnos a todas –le decía Ana mientras le ayudaba a vestirse.

—¡Ay, dónde estará este santico tan flaco que es...! –acababa diciendo siempre, porque no se le iba de la cabeza.

El caso es que ya se supo de fray Germán, pero el otro seguía sin rastro. Y es que no podía aparecer tan pronto como ella deseaba porque más que prendido estaba preñado, que es cosa muy de admirar que un frailecillo se quede preñado de canciones como le pasaba a él. Por eso era del todo necesario que ese apartamiento en el que le habían puesto no durase menos de nueve meses, para que se gestaran bien las palabras y luego darlas a luz... Lo que pasaba es que la madre Teresa no podía acordarse ahora de que fray Juan le había dicho una vez la necesidad que tenía él de una noche larga, larga, larga... para poder escribir todo lo que tenía en los adentros. Y fue servido Dios que pasara lo del rapto para poderse aprovechar la coyuntura y proporcionarle la bondad de Dios esa noche larga que le era menester.

Mientras tanto andaban el nuncio y el rey muy encontrados los dos, que lo que hacía uno lo deshacía el otro con un contrabreve, y no parecía sino que estaban jugando los dos a ganar aquella partida, como así era. Los descalzos bien desconcertados estaban sin saber a veces a qué atenerse ni a quién obedecer.

Así se pasaba lo más del año. Se fue el invierno, llegó la primavera... y también pasó. Todo pasaba, menos la tristeza que parecía haber tomado aposento en su corazón.

Desbaratada veía Teresa la reforma de la Orden, haciendo lo que era en su mano por componer desde Ávila todo lo que se iba cayendo sin remedio.

Miraba ella por la ventana cómo una mariposita se iba posando en las flores de la enredadera. Y con la mirada perdida veía también revolotear al mismo tiempo dudas y más dudas que cada vez la ahogaban más.

Todo lo que se había trabajado, todo lo que se había sufrido, todo... ¿para qué? ¿Acaso no sería verdad que había vivido hasta ahora en un engaño y que era todo vanidad? Pudiera ser. Es tan fácil engañarse a una misma mientras se dice trabajar por la gloria de Dios... ¿Sería cierto tal vez que lo que había buscado toda su vida era su propia gloria? Se empeñó en echarse a los caminos a fundar conventos... Cierto que intervino el general, cierto que fue por obediencia, pero, ¿y si esa obediencia la hubiese buscado ella para al cabo terminar haciendo su propia voluntad?

¿No podría haber servido muy sinceramente a Dios en el monasterio del que salió? Cierto que sí y almas muy santas allí había que la hubieran ayudado a ello. ¿Por qué hubo entonces de buscar más allá otro modo de vida? ¿No era entonces esto una forma de señalarse? ¿A qué estas novedades? ¿A qué la habían conducido? A ser malquista de todos. Y lo que más le dolía: a embaucar con ella a muchos inocentes a esta ruina que se les venía encima.

Así se pasaba las noches, llorando sin consuelo.

—¿Está triste, madre? ¿Qué tiene?

—¿Qué he de tener sino pena muy grande por todo lo que se está sufriendo?

—Dios hará que el nuncio acabe viendo la verdad de todo...

—¿Sabe lo que dice de mí? Que soy una fémina inquieta y andariega, desobediente y contumaz...

—¿Y va a hacer caso de esas habladurías? –le dijo la hermana Ana.

La madre calló y estuvo así de silenciosa el tiempo de tres Credos porque no encontraba palabras, no encontraba consuelo y menos solución a lo que estaba pasando, que era todo desatino. Pero luego miró a Ana, que estaba allí a su lado, entretenida en arreglar unas alpargatas ya muy gastadas, y viéndola a ella se acordó de todas sus hijas, hizo memoria de sus rostros, de conversaciones tenidas con unas y con otras. Las veía a todas tan virtuosas, con tanta voluntad de servir a nuestro Señor, las veía tan suyas... que este recuerdo la empezó a sacar de sí.

Ana seguía empeñada en seguir metiendo y sacando la aguja por el cáñamo, allí a su lado, siempre fiel y servidora.

Sí, con todo lo que estaba acaeciendo, era como si se hubiera dejado escapar el hilo de color encarnado con el que se va cosiendo la vida... Pero había de buscarlo, no podía estar muy lejos el cabo...

Entonces la mujer fuerte, que parecía haberse dormido en la tristeza, se levantó por dentro, y lo que pasa, que lo que no se hace por una misma se acaba haciendo por los hijos. En un esfuerzo de búsqueda encontró nuevamente el hilo de la fortaleza y lo enhebró otra vez a su voluntad. Había de seguir tejiendo la historia.

Se le vino entonces a la cabeza lo que le había dicho en una carta la priora de Toledo... No. No podía quedarse mano sobre mano, esperando que otros determinaran qué había de ser... Una cosa es que ella fuera ruin y otra es lo que Dios había hecho en esta religión... Tenía que hacer algo. Aún quedaban amigos...

—Hija, tráigame papel y pluma que voy a escribir –le dijo a la enfermera saliendo de su ensimismamiento.

Ana sonrió y fue presto a por lo que le pedía. Al fin la madre volvía a ser ella misma.

Era un atrevimiento, pero se habían de quemar todas las naves. Su querido padre Pablo Hernández la comprendería, con razón lo llamaba *«el padre eterno»*. Era providencial que se encontrara ahora en Madrid, como le había dicho Ana de los Ángeles. Él podría hablar al presidente del Consejo Real, don Antonio Mauricio de Pazos, a quien conocía, y decirle la verdad de lo que estaba pasando.

«Haríamos mucho al caso que vuestra merced le desengañase, pues puede como testigo de vista, pues lo es vuestra merced de mi alma (creo que hará un gran servicio a nuestro Señor) y le diga vuestra merced lo que importa ir adelante estos principios de esta sagrada Orden, pues, como vuestra merced sabe, estaba tan caída...».

Pero aún le dijo más:

«Y también suplico a vuestra merced que de mi parte hable al padre que confiesa al nuncio y le dé mis encomiendas, y vuestra merced le informe de toda la verdad, para que ponga al nuncio en conciencia que no publique cosas tan perjudiciales hasta informarse... Y le diga, que aunque soy ruin mucho, no tanto que me atreviese a lo que dicen...».

Ahora que ya estaba escrita la carta, a seguir esperando, sabiendo que la verdad padece, pero no perece.

¡Ah! Pero qué bien le vendría a ella tener un convento en Madrid para todas estas cosas... Era menester fundar allí un convento.

A Dios gracias que en medio de tantos trabajos y padecimientos ya le llegó la noticia de que fray Juan había logrado escapar de la cárcel en que le tenían. Bendito sea Dios, que ya le brotaron las canciones.

Capítulo 37

Habla de algunas fundaciones y de cómo se halló la paz en la Orden

Fue Dios servido de que fueran cesando las tormentas poco a poco y el rey tomara cartas en el asunto y se nombrara después un vicario para los descalzos, que no fue otro sino el padre Ángel de Salazar, al que parece le sentó bien el cargo por la disposición que tuvo de contentar a todos... Mientras, se mandaron comisarios a Roma para que informaran con verdad de todo lo que estaba acaeciendo en la Orden y alguien saliera a favor de ellos, que ya era norabuena. Por más gruesas palabras que se escriban no se podrá decir nunca todo lo que se sufrió en aquellos meses.

Así el tiempo se pasó con algo más de alivio, que le parecía a la madre Teresa estar metida en el arca de la espera, asomándose de vez en cuando a ver si por ventura aparecía la paloma con el ramito de olivo trayendo la paz, como en tiempos de Noé.

Pero antes de recibir las buenas nuevas que se esperaban lo que llegó a estos reinos fue una desolación insufridera que tenía a todas las gentes sobrecogidas de espanto, pues rara era la casa en que no entraba la peste llevándose sin remedio a viejos y niños, débiles y robustos... Harta cera se gastó aquellos meses en las iglesias, sin dar abasto con tanta rogativa, procesiones y promesas como se hacían por doquier pidiendo el auxilio del cielo.

A las puertas de Valladolid se puso de este mal Teresa, con unos tabardillos que bien pensaba se moría.

—Ya llegado es mi fin... –decía ella con mucha debilidad en el cuerpo.

—No, madre, no diga eso, que aún es pronto. Se pondrá bien... –contestaba la enfermera mientras le ponía unos paños húmedos en la frente.

—Perdónenme todo el mal ejemplo que les he dado –seguía diciendo ella en medio de la fiebre.

—Aún quiere el Señor que le sirva en este mundo –insistía María Bautista, la priora de Valladolid–. Mire que tiene que fundar en Palencia.

—Hijas, déjenme de fundaciones, que estoy acabada.

—Mire que está por venir el breve de Roma. No nos puede dejar ahora... –le decía otra hermana.

—¡Ay! Como Moisés a las puertas de la tierra prometida, así me quedaré yo...

Por más que le decían y más alivio que le proporcionaban no había manera de que cobrara ánimos y todo era un decir que ya se iba... Que qué hacía aquí en este mundo. Ya no era menester... Su hermano Lorenzo ya se murió. El padre Baltasar Álvarez también se fue de improvisto, al cual lloró ella como a nadie, por lo mucho que lo quería... Don Francisco Salcedo, su amigo desde los comienzos, fue otro que se despidió...

Todos parecían tener prisas por irse en este año que parecía tener tan mala ventura. Le parecía a ella estar asomada a una reja mientras iba despidiendo a unos y a otros. Pero no. Había ella de irse también, que ya era tiempo de recorrer otros caminos que no son de la tierra.

Pero sería por lo que rezaron las monjas y también porque aún no había llegado la hora que empezó a mejorar, aunque muy despacio, sin estar para nada en muchos días.

—Madre, que tiene una visita –le avisó una mañana la priora.

—¿Una visita? ¡Válgame Dios! Si no estoy para recibir a nadie... ¿Y quién es?

—El maestro Ripalda. Dice que no se va sin verla.

—¡Jesús! Y cuando lo dice lo hace. Anda, hija, ayúdeme a ir hasta el locutorio, que no hay más remedio... –dijo incorporándose con trabajo.

Los dos se alegraron de verse otra vez y se saludaron como viejos amigos. Ella le habló de los negocios de la Orden, que era lo que más la ocupaba, y le contó que se estaban esperando noticias de Roma y también de todos los sufrimientos que se habían pasado a cuenta de los calzados.

—Imagino que se enteró de lo del padre Baltasar Álvarez... –dijo él cambiando de conversación.

—Calle, que cada vez que me acuerdo se me asoman las lágrimas. En Medina estaba cuando me dieron la noticia de que era muerto y no supe más que llorar... ¿Fue de mal de corazón?

—Eso parece. Dicen que en su lecho de muerte decía: *«No se me da nada de vivir ni me pesa de morir...»*.

—En fin, este es el castigo que nuestro Señor hace en la tierra, quitarnos a los santos que hay en ella...

—¿Y el libro de las fundaciones cómo va? ¿Ya las tiene escritas todas? –le preguntó el padre Jerónimo.

—No puedo escaparme de ello, que cuando creí que ya no estaba obligada a obedecer a vuestra merced, el padre Gracián me mandó que siguiera.

—Me alegro. No se puede perder nada... ¿Cuál ha sido la última?

—Allá nos fuimos, a Villanueva de la Jara, un lugarejo apartado que por más que yo rechacé el Señor no dejaba de buscarme las vueltas por medio de unos y de otros.

—¿Fundación de alguna señora principal?

—¡Nada de eso! Unas beatas que ya llevaban juntas haciendo vida de mucha piedad y mortificación. Y así las encontré, flacas y mal aliñadas... Rezaban el Oficio sin apenas saber leer... Digo yo que pocas verdades debían decir las pobres...

El jesuita se rió de buena gana.

—Pero las tengo por santas –siguió diciendo ella–. Son de una virtud y humildad que no he visto en ninguna parte.

—¿Y la nueva fundación cuál será?

—Ay, padre, ya esta vejezuela no está para más trotes, se lo aseguro. Don Álvaro de Mendoza está empeñado en que vaya a Palencia porque es obispo ahora de allí, pero no será. Me dicen que la tierra es muy pobre... Y ya no estoy yo para más trabajos. También quieren que vaya a Burgos... Pero no. Las pocas fuerzas que me quedan las habré de reservar para fundar en Madrid... ¿Sabe que fui a ver al cardenal Quiroga para pedirle este permiso?

—¿Y se lo dio?

—Aún no sé si solo fueron buenas palabras... Le pedí también el libro de mi alma, pero no me lo quiso dar...

—O sea, que rechaza Palencia y Burgos... Y no le importa ir a Madrid.

—Nos interesa tener casa en Madrid. Importa mucho a la Orden. No es lo mismo.

—Madre... –empezó a decir él para luego echarse a reír.

—¿Y ahora qué le cae en gracia?

—Pues el ver que de vieja se ha hecho cobarde.

—No, no es eso, sino que no puedo más.

—Pues yo le digo que en manera alguna deje de ir. Hay que fundar en Palencia, porque se lo debe a don Álvaro, y también en Burgos. Ya sabe que doña Catalina de Tolosa la está esperando tiempo ha. Mire que no es vuestra merced sino Dios quien la lleva...

Teresa calló. Eso de que la llamara cobarde lo había sentido, ¿sería verdad acaso? ¿Tan vieja estaba ya? No sería tanto... Pero, ¿dejaría de hacer un servicio a nuestro Señor si Él lo quisiera?

A los pocos días de esta visita, después de haber comulgado, le pedía al Señor que le hiciera ver su voluntad, que era lo que ella más quería.

—*¿Qué temes? ¿Cuándo te he yo faltado? El mismo que he sido soy ahora. No dejes de hacer estas dos fundaciones* –dijo la Voz conocida.

Ni un ejército que se hubiera puesto delante le habría impedido determinarse ya del todo y comenzar a preparar el viaje a Palencia. Entonces fue cuando empezó a pensar en las monjas que llevaría consigo...

—Catalina, hija, ven acá.

—¿Quería algo, madre?

—Sí. ¿Gustaría de venir conmigo a Palencia?

—¿Y es que mi gusto ha de importar?

—En este caso sí, que las que vienen conmigo a otras fundaciones tienen que ser de buen grado.

—Madre, al fin del mundo si me lo manda voy yo con gusto.

—Pues así sea. Ahora, atiéndame. Vamos sin apenas ajuar y aquí en esta casa tienen de sobra. Vaya a la sacristía y tome algunas ropas sin que la vean y luego me las traiga a mí.

Así fue mandando a unas y a otras de las que la habían de acompañar, que fueran hurtando de la sacristía. Tan mala traza se dieron para ello entre los nervios y el no saber, que lo que cogieron fue todo para descabalar los ternos que allí había y nada que mereciera la pena.

El día de Inocentes salieron de Valladolid, atravesando el valle del Pisuerga. Ocho leguas se hicieron para llegar el mismo día a Palencia. Ya en el camino los alcanzó un correo de María Bautista, reclamando con versos todo lo robado. La madre Teresa hizo que a cambio de devolver las piezas desconcertadas que llevaban les diera algún dinero para poder comprar otras. Todas rieron este incidente.

Comprobó Teresa que aquella gente de Palencia era de la mejor masa y nobleza que ella había visto y quedó fundado sin mayor problema el nuevo monasterio el día del rey David.

Fue precisamente en esta tierra cuando vio llegar ella la palomica con la rama verde de olivo. Por fin la noticia del breve de separación. Por fin aprobaron que descalzos y descalzas formaran provincia aparte.

Aquello era como quien recibe la posesión de una hacienda después de muchos pleitos y litigios, y luego que sale todo a su favor se sienta a pensar cómo ha de disponer de todos los bienes que ha heredado y cómo llevar los negocios y gobernar de manera que se pueda sacar el mayor rendimiento... Pues así se dispusieron los frailes y las monjas, porque lo primero que había que hacer era celebrar un capítulo y nombrar a un provincial de entre ellos y escribir unas leyes que fueran imprimidas.

La madre Teresa fue la primera que empezó con muchos bríos a prepararlo todo, haciendo una lista muy larga de todo lo que había que dejar clarito como el agua clara, no fueran a venir luego cambiando cosas de aquí y de allá según los fervores de la priora de turno o de algún superior, que no, que eso no podía ser. Las cosas claras y seguras desde el principio, sin lugar a dudas, para que luego no fueran en aumento las normas, que hay gente, bien sabía ella, que si no ponen de por sí una nueva ley no se quedan a gusto. Y de leyes, pensaba ella, que mientras menos mejor. También pidió a las monjas de todos los conventos que dieran su parecer de lo que podría ser y de lo que no, que fueran opinando y se lo escribieran... Luego se lo mandaba todo al padre Gracián, porque daba por sentado que él y no otro había de ser el nuevo provincial. ¿Quién si no? No había otro.

«Mire que aunque tenga mucho que hacer –le escribía ella a Gracián–, *tome tiempo para dejar esto muy llano y claro; que como lo he escrito en tantas partes, pienso no se embeba en las letras y se le olvide lo mejor...».*

Lo que pasaba es que cada noche, dando vueltas mientras se dormía, se acordaba de algo nuevo y en levantándose volvía a escribir:

—Que los frailes habían de comer más que suelen. Y que tengan limpieza en camas y pañizuelos de mesa, aunque más se gaste, que es cosa terrible no la haber... ¡Ah! Y que tengan letras, que son importantísimas.

—Que las constituciones se impriman y quede todo bien asentado y no se dé lugar a que cada priora quite y ponga a su antojo.

—Que los vicarios no se metan en las cosas de las monjas...

Y con estos y otros puntos se fueron haciendo las constituciones. Esta alegría parece le trajo nuevas fuerzas que le sirvieron para fundar también en Soria, en donde todo fue llano y sin ninguna dificultad, gracias a doña Beatriz de Beamonte, señora donde las haya. Luego volvió a Ávila, donde la hicieron priora en contra de su parecer, por la necesidad tan grande que estaba pasando la comunidad.

Aquí, en Ávila, cierto día de noviembre en el que hacía harto frío se presentó fray Juan de la Cruz en el locutorio.

Se veían los dos después de mucho tiempo.

—Me han dicho que se ha hecho poeta –le dijo ella holgándose mucho de verlo.

—Bueno, no sé cómo hablar de Dios sino con canciones.

—El caso es que hable y que escriba... ¿Ya le dio nuestro Señor la noche larga que era menester?

—Me la dio y supe aprovecharla. Fue como estar metido en la ballena de Jonás –contestó fray Juan sonriéndose.

—Más hubiera valido que me tragara a mí... –dijo ella con pena mientras recordaba aquellos días de tanta negrura–. Dígame, ¿no se arrepiente de no haberse ido a la Cartuja o acaso yo me equivoqué?

—No, madre. Ahora, ya ve, me tiene fundando conventos reformados... Véngase conmigo a Granada, que por ser el primero de descalzas en aquel reino es menester su presencia.

—No se engañe, fray Juan, que ya tendrán que seguir abriendo casas sin mí... Además, estamos preparando la fundación de Burgos y le aseguro que será la última que vean mis ojos. Estoy ya vieja y ruin, no puedo dar más.

Juan de la Cruz la miró enternecido. Los dos habían cambiado mucho desde aquel primer encuentro en Medina y también él sabía que esta era la última vez.

—No diga eso de vieja, que parece que bebió el agua de la eterna juventud.

Ella sonrió ante el cumplido.

—Demasiados años son estos ya para haber sido herida de muerte.

—Cierto. Pero no olvide que hay llagas que son regaladas y saben a vida eterna.

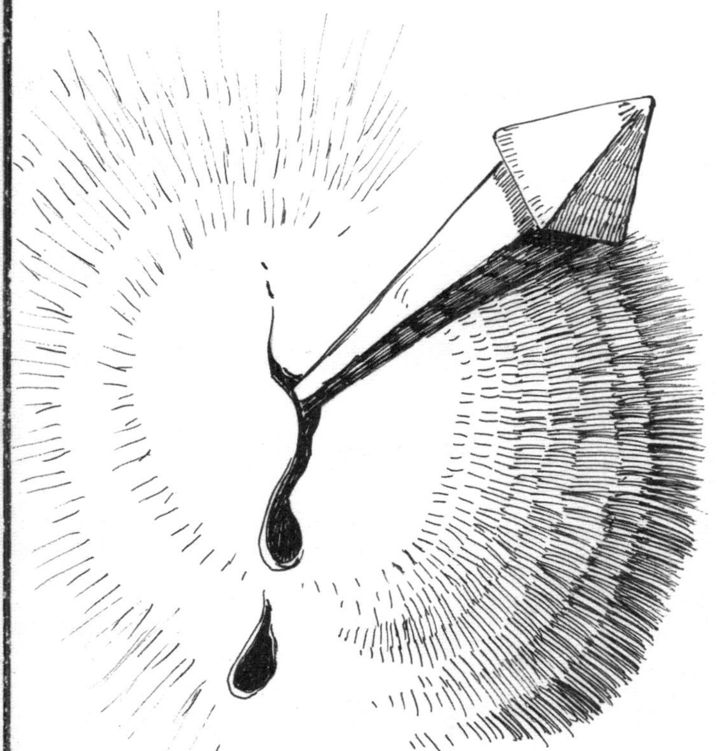

Y díjome: mira este clavo, que es señal de que serás mi esposa desde hoy.

Capítulo 38

Que dice de la última fundación de la madre Teresa en la ciudad de Burgos y de la soledad del desierto que aquí hubo de atravesar

Como un peñasco de esos grandes que no hay manera de menearlos si no es con la fuerza de muchas voluntades juntas, pues así debía de tener la cabeza el arzobispo aquel de Burgos, que no sabía otra cosa que hacer contradicción a las descalzas desde que llegaron a la ciudad y se mantenía en un no tan recio que cuando fue el provincial a pedirle la licencia lo despachó con muy malas pulgas, diciéndole que bien se podían tornar todos a Ávila.

—¡Pues bonitos están los caminos para tornarse! –soltó enojada Teresa cuando llegó el padre Gracián con esta negativa.

Y es que iban las calles que parecían ríos de lo mucho que estaba lloviendo, y todo tan embarrado que no fue poco lo que pasaron para entrar los carros. A todo esto estaba la madre con un mal de garganta que apenas podía hablar por todo el agua que le había caído encima en aquel viaje.

—Bueno, pero cuando escampe habrá que pensarlo despacio... –dijo entonces el provincial, que traía harta desconfianza del arzobispo.

—Cuando escampe lo primero que voy a hacer es ir yo a hablar con él –contestó con un hililllo de voz, casi ahogándose.

Entonces nadie se atrevió a decir nada más, aunque estaban todos muy molestos y amostazados porque a ver a qué santo venía esta mudanza de parecer cuando había sido el mismo don Cristóbal el que había mandado llamar a la madre para una fundación y se había comunicado con don Álvaro de Mendoza, que eran los dos muy amigos. Y ahora, cuando ya estaban allí las monjas, todo era decir que no y que no y que no.

—La mandé llamar para tratar de una posible fundación y ahora me lo quieren dar como cosa hecha. Pues le digo que ni un paso habrá de dar en Burgos sin mi permiso –dijo el arzobispo cuando tuvo a Teresa delante aquel día.

Ella lo vio muy arrellanado en su sillón, calvo, con esa doble papada que le caía, las manos regordetas acariciando el pectoral, los labios fruncidos, los ojos grises y fríos... No podía reconocer, por más que lo miraba, al niño que viera en Ávila, en la casa de su padrino, el cual era tío de don Cristóbal.

—Mire su ilustrísima que están mis monjas rezando y haciendo penitencia por esta causa –dijo ella, empezando a tantear el terreno.

—Por mí que sigan hasta el día del Juicio, que no hacen más de lo que están obligadas –contestó él desabrido–. Pero no por eso habré de dar mi licencia.

Teresa supo entonces que no lo tenía nada fácil y eso que no era el primer obispo que se le atravesaba; harta experiencia tenía con los de este género, que sabe Dios lo que se piensan que son... Estaba claro que había que ganar esta partida a pulso, pero no tenía miedo porque el Señor le había dicho que fuera allí a fundar y allí estaba y no se iba a ir sin dejar la fundación hecha. Eso bien lo sabía ella.

—Solo daré mi consentimiento si consiguen reunir de renta cuarenta mil ducados... O sea, quince millones de maravedises –concluyó don Cristóbal, diciendo muy despacio eso de los quince millones, para que quedara claro que no podían ser catorce y medio sino quince, como quien se acalla la conciencia poniendo una condición imposible.

A la madre le pareció aquello un disparate, una barbaridad, pero se mantuvo serena, sin turbarse, porque sabía ella ser muy señora también en lo exterior. Como la que tiene mucha hacienda y le piden una parcelica sin mayor importancia, así se mostró aquel día.

—¿Y no nos dará también licencia para oír misa en casa de doña Catalina de Tolosa? Así no nos murmurarían y no daríamos escándalo al salir a la calle, como lo estamos dando –se atrevió a preguntar con mansedumbre.

—¡No, no! ¡Eso no! ¡De ninguna manera! Vayan a la parroquia los días que son de guardar, que al contrario de como dice darán buen ejemplo –dijo el arzobispo muy seguro de sí.

Resignada se volvió Teresa con esta derrota y cuando llegó y dijo lo de los cuarenta mil ducados todos se echaron las manos a la cabeza y el padre Gracián empezó a decir que era demasiado, que se veía a las claras que esta fundación no llevaba camino y que lo mejor era tornarse.

Ella, cuando lo vio así, tan descorazonado, con lo apacible y animoso que era este padre, lo sintió harto, mucho más que todos los imposibles y trabas que se le ocurriera poner al obispo. Porque bien sabía que estas casas no se iban fundando por industria humana, sino que era nuestro Señor el que al final lo allanaba todo y abría las puertas cerradas y ablandaba las voluntades, y que no era plan a estas alturas de asustarse por unos dineros, que eso era lo de menos... Siempre era lo de menos.

Pero el padre Gracián seguía mohíno a pesar de estas consideraciones y contaba los días que llevaban en Burgos con mucha desazón, a pesar de lo que sus ojos podían ver y era que entre todos los amigos que allí tenían se fueron allegando los dineros como cosa de milagro, porque eran todas gentes que veían con muy buenos ojos la presencia de las descalzas y las querían ayudar y hacer lo posible para que no se fueran.

—Siempre había yo oído loar la caridad de esta ciudad, mas no pensé llegaba a tanto... –dijo la madre emocionada cuando se presentó el médico Antonio Aguiar con cuatrocientos ducados, diciendo que era todo lo que tenía.

También doña Catalina, que era la más empeñada en este asunto, dijo de dar toda su hacienda, aunque no lo llegó Teresa a consentir.

—Es disparate, que tiene que mirar también por sus hijos.

—Madre, si tengo ya cuatro en el convento y todas vuestras mercedes son como de mi familia, ¿qué menos puedo hacer?

—Y dice bien, porque le aseguro yo que no se quedarán en solo cuatro, que también Elena, la mi gordilla, se vendrá con nosotras; que sé yo que Dios la anda llamando... Y los niños, ya veremos.

—Pues si carga con todos mis hijos no me he de quedar yo en mi casa, que ya que arrambla llévenos a todos –dijo medio en bromas medio en serio doña Catalina.

Teresa se echó a reír porque sabía cierto que así había de ser sin tardar mucho.

Total, que se fue el padre Gracián muy contento con los dineros al arzobispo, dando ya por acabada aquella cuestión, y lo que pasó después es que volvió hecho un basilisco, cosa que en él era extraña, por ser siempre persona pacífica y de buen temple.

—¿Qué fue ello?

—¡Qué ha de ser...! ¡Qué ha se ser! Que no bastan los dineros ni basta nada, porque lo único que quiere es contradecirnos en todo y ponernos mil tropiezos. Ahora nos pide buscar casa propia y no dará licencia hasta que la tengamos. Dice que esta de doña Catalina está en una calle de mucho ruido para hacer convento.

—¡Por Dios bendito! Le digo, mi padre, que hay alguien que está malmetiendo al arzobispo por detrás; que a él lo tengo yo por siervo de Dios y persona docta, pero algún misterio hay...

—El único misterio es que ni acabamos la fundación ni salimos de aquí –dijo Gracián con enojo.

A Teresa le acongojaba harto que él estuviera con esa pesadumbre y era por eso que no quería retenerle. Sabía que él deseaba marcharse y tal vez fuese eso lo mejor, quién sabe. Por eso lo dejó ir primero por dentro, despidiéndose en su corazón, lenta y dolorosamente, haciéndose a la idea de que él se iría, convenciéndose a sí misma que era lo más acertado. Fue primero por dentro, como empieza toda despedida, hasta que llegó la hora en que parecía que ella había estado esperándole tiempo ha para oírle decir que se iba.

—Me esperan en Valladolid, he de irme –le dijo un día Gracián.

—Sí.

—Soy el provincial y me reclaman en otros sitios. Ya llevo mucho tiempo...

—Sí.

—Cuando cumpla con estos compromisos volveré.

—Sí.

—Aquí hay buenos amigos que las favorecerán en todo.

Ella asintió ahora con la cabeza.

—¿Entiende que tengo de irme?

La madre volvió a asentir una vez más.

—¿No me va decir nada? –preguntó él, resultándole embarazoso aquel momento.

Ella le sonrió desde su cansancio, desde su pena.

—Ya fueron dichas todas las palabras. Ahora solo queda decir el sí de nuestra Señora.

Se miraron los dos en silencio. Él quiso decirle que no se pusiera triste, que volvería pronto, pero quedó callado, las palabras no le salían.

—Bendígame, madre –terminó diciendo mientras se arrodillaba ante ella.

Teresa, con la mano temblorosa, hizo la señal de la cruz sobre la cabeza del provincial.

—Vaya muy enhorabuena y que Dios le acompañe en todos sus caminos –dijo emocionada al final.

Lo vio salir. Lo último fue el vuelo de su capa blanca. Iba como huyendo, pensando ya en el camino que lo llevaría a otro lugar, lejos de Burgos.

Ella no pensaba que le haría tanta soledad... Una soledad que la empezó a rodear el corazón y a clavársele como un cilicio. Una soledad tan grande como un desierto.

Hubieron de hacer luego el traslado a los altos de aquel Hospital, donde la madre guardaba con disimulo las naranjas que le regalaban para llevarlas a los enfermos, escondidas en la manga del hábito.

Pero él ya no estaba allí.

Siguieron un tiempo más las resistencias, los impedimentos para la fundación. Luego encontraron una casa y se negoció ventajosamente. Y al no haber mal que cien años dure, fueron dadas al cabo todas las licencias del arzobispo.

Pero el padre Gracián ya no estaba allí.

Tampoco estuvo cuando dieron en crecer las aguas del río Arlanzón y, desbordadas sin remedio, fueron hundiendo casas y desenterrando muertos. La madre Teresa ordenó a sus monjas subir a la parte más alta del convento con el Santísimo y estarse allí hasta que todo fuera cesado, que era muy grande el peligro.

Un día, pasada ya la Cuaresma, llegó él, el padre Jerónimo Gracián, provincial de los descalzos, y redactó su licencia con la fecha de la posesión.

Pero, aunque estaba allí, ya no fue nunca como antes... Ella lo había dejado ir por dentro, dolorosamente.

Capítulo 39

Que dice de cómo se purifica el alma por medio de aquellos que nos son los más queridos

El pecho de doña Beatriz, que en principio estuvo con harta quietud mientras duraron los saludos y los requiebros y los falsos halagos, comenzó a subir y a bajar cuando la conversación no llevaba el rumbo deseado por la dicha señora, y subían y bajaban a la vez todos los arreos que sobre él llevaba.

Y es que se había peripuesto mucho aquella mañana, engalanándose con todas sus joyas y echando sobre su persona perfumes y ungüentos de olor, y cuidando harto los vestidos y el peinado, todo para ir a visitar a la madre Teresa, que era la albacea del testamento que había dejado el padre de su yerno, don Lorenzo de Cepeda.

—¡Ah, no! Esto lo arreglo yo rápidamente. ¿Para qué ha de querer una niña ese dinero si está en ser monja?

—Pero madre, que dice Francisco mi esposo que a su tía la monja no se la convence fácilmente... –le había dicho Orofrisia.

—Tú calla y déjame a mí, que ya tendré yo razones para darle. Además, la priora, que también es parienta suya, se aviene conmigo que así ha de ser. Y si hay que hablar con la niña se habla, que al cabo es suyo el dinero, ¿o no?

—La niña hará lo que le diga su tía.

—Eso ya lo veremos –había dicho doña Beatriz sonriendo maliciosamente mientras se ponía los zarcillos y se miraba muy complacida en el espejo.

Y así se presentó en las descalzas de Valladolid con todo su poderío, muy absoluta, teniendo por segura la victoria. ¿Una monja vieja se le iba a resistir a ella? ¿A doña Beatriz de Mendoza y Castilla? ¡Eso ya se vería!

—Si no es por las buenas será por las malas –dijo antes de salir de casa.

Pero sus cumplidos y su farsa bien se los hubiera podido ahorrar ante la madre Teresa, que ya había visto mucho de ello en esta vida y para nada le afectaban a ella estos remilgos que se traía la señora con toda su avaricia.

—El testamento de mi hermano no se ha de tocar. Esa fue su voluntad y no voy a ser yo quien consienta que se cambie –dijo la monja muy recia, sin hacer ningún disimulo.

Doña Beatriz intentó conmover al adversario diciéndole la necesidad que estaba pasando el nuevo matrimonio y que al fin y al cabo las monjas tenían voto de pobreza.

—Si están en necesidad, que gasten menos –dijo la madre muy recia–. Y el voto de pobreza sabemos sobradamente cómo lo hemos de vivir, y le digo que no es menester tocar por ello el testamento.

Fue entonces cuando empezó a subir y a bajar la fortaleza de doña Beatriz, y a mudar la sonrisa en apretamiento de dientes, la blancura del rostro en color bermejo y los elogios se trocaron en vituperios muy desconcertados, que más bien parecía salieran de su boca sapos como de una charca fangosa.

La madre Teresa miraba toda esa descomposición de la señora y no se turbó demasiado, pues todas las razones y los improperios eran flechas que no acertaban a darle y por eso no la herían.

—No, señora. Ya le he dicho que no he de cambiar un punto del testamento –volvía a decir ella.

Y después de un tiempo que duró esta batalla en el locutorio se fue doña Beatriz de Mendoza y Castilla diciendo que esto no había de quedar así de ninguna manera, que le pondría pleito y le había de mandar un abogado.

—Si no es por las buenas, madre Teresa, será por las malas –dijo con mucho imperio antes de dar un portazo y salir a la calle.

Harto podrida la dejó la señora, que ya no estaba ella para pelear y se sentía vieja y ruin. Y si solo hubiera sido eso... Pero aquello no fue nada comparado con el enfrentamiento de las dos sobrinas con su persona. Por una parte, la priora María Bautista, que estaba de acuerdo con doña Beatriz, y por la otra Teresita, que decía querer renunciar a favor de su hermano. Ellas sí que supieron dar en el blanco del mayor dolor.

—¿Esto es lo que nos ha enseñado? A ver dónde está aquí el desasimiento de los deudos y la pobreza... –le decía una.

—Demuestre lo que tantas veces nos ha dicho y ha escrito. Ahora es la ocasión, que no se quede todo en palabras –decía la otra.

Que qué iban a decir las gentes de este deseo de dineros... Y así fueron poniéndole una larga lista de afrentas que hizo nublar los ojos de la madre Teresa. Ella solo veía el rostro de su querido hermano Lorenzo, el amor que este siempre tuvo por las descalzas, lo que le ayudó desde los principios de San José de Ávila... Y su última voluntad, la de hacer partes iguales para sus hijos... ¿Qué diría él si viviera? ¿Qué había de decir si la viera en esta coyuntura?

Cuando al día siguiente se presentó en el convento un abogado preguntando que a ver dónde estaba esa santa que codiciaba dineros y echándole en rostro que mucho más ejemplo daba la gente en la calle que ella siendo monja, que si iba a resultar ahora una farsante... Teresa ya no tenía fuerzas para seguir luchando y aunque comenzó defendiendo lo suyo, terminó rindiéndose por no hacer escándalo con un pleito.

Poco le importó lo que le decían de sus pecados, que mejor los entendía ella, pero en el fondo sabía bien que no llega a tanto la bobería de la perfección.

La enfermera, Ana de San Bartolomé, estaba muy dolida por lo que habían hecho sufrir a la madre sus dos sobrinas, y al tiempo de salir del convento se atrevió a mirar a la priora con reproche.

—¡Parece mentira...! –le dijo.

María Bautista, que estaba muy contrariada con lo que había acaecido porque era bien ganada de doña Beatriz, tiró del brazo de la hermana Ana y la llevó a un aparte.

—¡Váyanse y no vuelvan más acá! –le espetó muy enojada.

Mientras, como si no se hubiera dado cuenta de ello, la madre Teresa iba despidiéndose de todas las monjas, que lloraban porque ya se iba de Valladolid y solo Dios sabía si volverían a verse en esta vida. Y con diferencia de otras veces, que no consentía que hiciesen sentimiento, pues esto de las despedidas no lo llevó nunca nada bien, ese día para todo dio lugar y las fue acariciando con terneza a cada una.

—Espantada estoy de lo que Dios ha obrado en esta religión. Mire cada una no caiga por ella –dijo mientras abrazaba a la hermana María Dantisco, hermana del padre Gracián.

Pero Ana, con el efecto de las palabras de la priora, no hacía más que meterle prisas por detrás, tirándole del hábito.

—Vamos, madre, que ya esperan los carros... –le apremiaba.

—Sí, ya voy... No hagan las cosas por sola costumbre –dijo mirando a todas con cariño–, sino haciendo actos heroicos de más perfección.

Una novicia se le acercó y la abrazó. Teresa comprendió que era la última vez.

—Dense a tener grandes deseos, que aunque no los puedan poner por obra se saca mucho provecho.

—Madre, que ya es hora, que no conviene salir más tarde... –insistía Ana deseando salir de allí.

—Sí, vamos –dijo Teresa.

Y al tiempo de cruzar la puerta reglar se volvió otra vez, como quien no tiene prisa alguna.

—Muy consolada voy de esta casa, de la pobreza y caridad que tienen unas con otras –y en este momento miró a la priora, María Bautista, que no se atrevía a levantar los ojos–. Procuren que siempre sea así.

Se pusieron por fin en viaje, yendo la fundadora bien mala y bien cansada, deseando llegar cuanto antes a Ávila. Pero antes había que pasar por Medina y con la priora de allá también tuvo sus más y sus menos, porque siempre fue la madre Alberta muy gobernadora de su casa y recibió con muy mal temple que la madre Teresa le fuera a la mano sobre algún asuntillo que no iba bien.

—Es que en ninguna cosa que hago le parece que acierto –le dijo muy dolida–, pues le digo que la priora soy yo y no vuestra reverencia.

Esos modales de Alberta le dolieron a la fundadora y de ser en otra ocasión le hubiera dicho cuatro cosas bien dichas, pero ahora llovía sobre mojado y se sentía vieja, flaca y muy acabada. Por eso se volvió con tristeza a su celda y lo mismo hizo la priora, que ninguna de las dos apareció en el refectorio esa noche y mucho se extrañaron las monjas de esta ausencia.

Para colmo vino por allí el padre Antonio, que estaba de vicario y le dijo a la madre que antes de ir a Ávila había de ir a Alba de Tormes, que era gusto de la duquesa, que le iba a nacer un nieto y quería que estuviera la madre Teresa en el nacimiento.

En la mañana del diecinueve de septiembre, mientras la hermana Ana, su enfermera, de rodillas le ayudaba a poner las calzas, Teresa notó que esta lloraba.

—¿Qué es ello, hija? –le preguntó poniéndole una mano sobre la cabeza.

—Qué va a ser, que me lastima cómo se le descomponen las hijas y la tratan con tanto rigor sin merecerlo –dijo Ana entre gemidos.

—No se ha de turbar por eso, que no tengo yo pena, pues todo se ha de pasar y de todo saca el Señor bienes –le contestó mostrándole un rostro muy afable, queriéndola consolar.

Luego ya, de camino, en el coche que había mandado la señora duquesa para que se llegaran hasta Alba con todo acomodo, iba ella con harto quebrantamiento de todo su cuerpo, resignada en esta última obediencia que tanto le costaba y considerando lo presto que pasa la vida.

Ya era hora de descansar, pensaba ella. Ya era solo menester el encuentro que tanto deseaba, tan largamente esperado. Sí, ya era norabuena. Ya todo estaba cumplido. Se había llenado de hijos y como una madre los crió y los quiso tener bajo sus alas... Les enseñó a dar los primeros pasos, les avisó de tantos peligros y se holgó de lo que el Señor iba haciendo con ellos y cómo los multiplicaba... Por ellos sufrió, por ellos gastó su vida... Pero ahora estaba terminada su tarea y ya podía irse en paz. Los hijos habían crecido y es ley de vida, ya se sabe, que las crías quieran volar y salir del nido, sentir que tienen en sus manos su propia historia.

Ella les señaló el camino, les habló de la puerta que lleva a la morada principal. Ahora estaba tranquila. Su misión había terminado.

A Teresa se le escapaban solas las lágrimas, que con disimulo secaba para que Ana y Teresita no se apercibieran.

Capítulo 40

Que habla de cómo las ansias de ver al Amado fueron tan grandes y cumplidas en la madre Teresa que le abrieron la última puerta hacia la vida

Con harta osadía miró hacia el frente y se determinó a cruzar el tablero hasta llegar allí, donde estaba el rey.

Muchos le dijeron que no se atreviera. A tanto no. Que su sitio estaba atrás, resguardada, sin peligros, sin que le diera apenas el aire, que era una dama. Pero ella quiso saber qué susurra el viento cuando sopla recio por la meseta castellana y empaparse de la lluvia que cae de noche hasta calar los huesos y recorrer caminos llevando un tesoro custodiado en el pecho.

¿Cómo iba a quedarse atrás cuando había tanta vida que exponer a la vista de todos? ¿Cómo iba a callarse cuando había tanto que decir, estarse quieta con tantos pasos por dar?

No. Ella quiso conocer el mundo, adentrarse en él sin miedos, y no había más remedio que cruzar, sintiendo la pena de los propios yerros, la desazón de los pasos errados, la congoja de la trampa que una misma se tiende... Y después, experimentar la pasión y el fuego, saberse amada desde siempre, para siempre...

—Madre, que le vamos a aplicar unos remedios, vuélvase... –le dijo la enfermera.

—¡Quítense de ahí! Que lo que no es, no es –respondió ella dando un manotazo.

Seguir adelante, avanzar, no quedarse atrás pusilánime y cobarde. Salir de noche al encuentro del sol, aventurando la vida. Ser la dama que puede moverse en todas las direcciones...

No, no es obsesión. Es una herida.

Allá, al otro lado del tablero la estaba esperando. Hay que seguir, aunque algunos se empeñen en defender el paso. Pero es menester estudiarlo todo, conocer el movimiento de los otros, andar lista y no dejarse engañar... Tener una meta, llegar hasta la fuente, descubrir el camino de la verdad, dar con la puerta adonde el rey espera.

—Echen perfume de espliego, que esos remedios huelen mal...

—Que no, madre, que huele a agua de ángeles. No se preocupe por eso.

Y entonces se abrieron los caminos. Todos los caminos: los embarrados, los tortuosos, los estrechos, también los reales, los largos, los ardientes y polvorientos. La mujer inquieta y andariega va allí, en el carro, atravesándolos todos, llevando una encomienda.

Y luego las posadas, las descomodidades, las reyertas, las injurias, los desprecios, las burlas, la escasez. Los negocios: los dineros que no alcanzan, las casas, los alquileres... Y no digamos de las dolencias, las fiebres, la perlesía, los desmayos... Todo dando vueltas a una vez, como en una noria.

—Ande, madre, vámonos a Ávila.

—¡Jesús! ¿No me han de dar aquí un poco de tierra?

Era una noche fría. La luna estaba en lleno, testigo en todos sus cuartos de aquella vida: una mujer herida de muerte.

Eran sus últimos momentos. El amor la había herido con su flecha más aguda, con certero golpe la había atravesado hasta las entrañas. Traspasada aventuró la vida. Una vida llena de otra Vida.

Teresa abrió los ojos. Eran sus monjas, que la rodeaban llorosas. Y la hermana Ana allí cerca, cabe ella.

—Bendito sea Dios que me trajo entre ellas... –logró decir emocionada.

¡Ah! Ya era la hora del jaque, daban las nueve en el reloj. Había de partir. No podían retenerla las lágrimas ni las súplicas. Ya no había necesidad. Se sentía ligera, libre, como una pluma. Una pluma que ya lo había dicho todo, al dictado de una Voz interior, y ahora volaba...

—¡Señor y Esposo mío! ¡Ya es llegada la hora tan deseada! ¡Tiempo es que ya nos veamos, Amado y Señor mío! Ya es tiempo de caminar, ¡vamos muy enhorabuena! Cúmplase vuestra voluntad. ¡Ya es llegada la hora en que yo salga de este destierro y mi alma goce en uno de Vos, que tanto he deseado!

Muy cerca contempló aquello que tantas veces soñara, un castillo todo resplandeciente de muy claro cristal.

Epílogo

Después de que la monja se determinara a poner fin a todos estos recuerdos y sintiera el alivio que da el trabajo terminado y la satisfacción de saldar una deuda como la que ella tenía con la madre Teresa de Jesús, se dispuso a recoger todo aquel desbarajuste que había en su celda y que eran papeles grandes y chicos, en los que había apuntado nombres y fechas y lugares y parentescos; también plumas variadas y tintas y más papeles sin escribir y otros escritos amontonados por doquier y hartos libros...

Todo se fue ordenando como Dios manda, que es este un trabajo no menos grande que el haber ido sacando todo ello por menudo un día y otro y otro. Pues al acto de recoger se añade, aparte del cansancio, el sentimiento de despedida de algo que durante harto tiempo se ha ido edificando con algún esfuerzo y a lo que el alma termina por asirse.

Pero todo este sentir, que es natural para quien lleva a cabo algo en lo que ha echado algunos años, no es por cierto cosa que espante a nadie. Fue otro el afligimiento que vino a descomponer a la monja, creída ya merecedora de descanso.

Lo acaecido fue de la siguiente manera, que estando ya libre la celda de tantos impedimentos como antes había, no se encontró el arquilla en parte alguna. Miró y remiró por todo sitio y, como había habido algunos traslados, no hubo rincón del convento en el que no se buscara y se removieran bien las cosas, pero todo fue en vano. Y a medida que se pasaban los días en esta búsqueda desafortunada, más crecía la congoja de haber perdido tan preciado tesoro.

Fueron además preguntados algunos obreros que en esos años entraran en la clausura y algunas monjas venidas de otros conventos que pasaron por allí, pero todos eran a decir que nada sabían y que nada habían visto. Y quién sabe si decían verdad o mentira, que al ser recuerdos de la madre Teresa de Jesús y no haber de ellos papeles que firmen la propiedad no deja de ser grande la tentación del hurto.

La monja fue con el tiempo recuperándose de la pena que tenía, pues dio en pensar que el arquilla, antes de ella tenerla, no había sido suya y que tampoco podía decir cómo llegó a sus manos y que por ventura iba pasando de unos a otros como cosa de milagro, sin saber cómo. Estas y otras consideraciones le valieron y fue tanto el cambio que se operó en su interior que ya no deseaba encontrar el arca, sino que le rogaba a Dios que quien la tuviera se aprovechara bien de ella y de lo que contenía.

Pero no todo quedó ahí, no. Resulta que cuando pasaron unos días y ya la monja andaba con sosiego y descuido de lo que había acaecido y ya no sentía la pena de dicha pérdida, entre unos papeles que aún no se habían recogido encontró una madeja de hilo encarnado que ella sabía que era del arquilla.

Es el hilo con el que se va tejiendo la vida, el que junta dos cosas tan desiguales como son los logros y los fracasos, la pena y el deleite, lo humano y lo divino, la salud y la herida. Es el que a veces se enreda y es menester ir desliando con mucho cuidado, el que a veces se deja caer y ha de buscarse hasta que se le encuentra para luego poder enhebrarlo una y otra vez a la fuerte voluntad que hay en el pecho y seguir tejiendo según el dechado que tenemos delante.

Harto se holgó la monja con este hallazgo a última hora y deseó que este contento lo pudieran tener otros muchos, que habiendo encontrado en el arquilla de la madre Teresa de Jesús cualquier donecito que ella le quisiera regalar, ya sea un ovillo o una pluma o un pañizuelo, sepan descubrir los secretos de cómo proceder en el tablero de esta vida y poder al cabo allegarse al Rey, que fue quien hirió a la dama con el mal de amores...

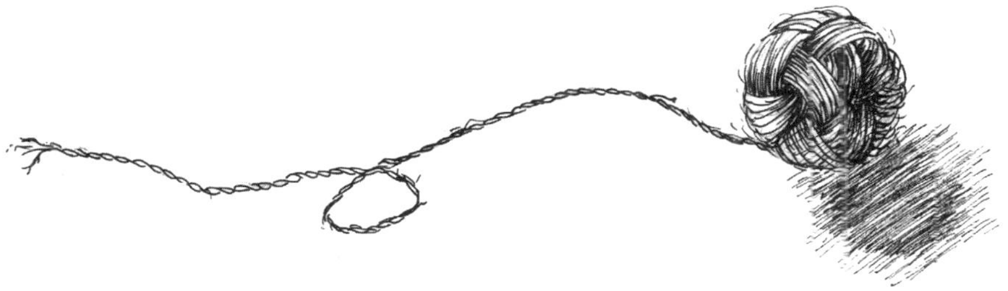

Nota bibliográfica

Cada libro escrito es fruto de otros muchos libros cuya lectura ha ido influyendo directa o indirectamente en la elaboración del mismo. En este trabajo se han evitado lo más posible las citas y las notas a pie de página por respeto al género literario que se usa y para facilitar una lectura continuada del mismo.

Es tal la abundancia bibliográfica que existe para el estudio de un personaje como es el de Teresa de Jesús, abordado desde tan diversos aspectos, que contar con todo ello a la vez, tratando de dar una imagen completa del mismo, es casi imposible y además pretencioso.

Destaco por tanto los textos más básicos que me han ayudado a la hora de escribir esta biografía; entre ellos se encuentran los escritos de dos carmelitas insignes y contemporáneas de la santa: los de María de San José, titulados *Escritos Espirituales* (Postulación General O.C.D., Roma 1979^{2}); y los de Ana de San Bartolomé *(Obras completas,* Monte Carmelo, Burgos 1999).

No podían faltar los *Procesos de beatificación y canonización de santa Teresa de Jesús* (Monte Carmelo, Burgos 1934-1935, 3vols.: B.M.C. 18-20).

Se han consultado también libros que fueron muy influyentes en la vida de la Santa, como el *Tercer abecedario espiritual* de Francisco de Osuna (BAC, Madrid 1972) y el texto de Agustín de Hipona, *Confesiones* (Ciudad Nueva, Biblioteca Patrística, Madrid 2005). Otros han sido lecturas indirectas.

Para el valor de historicidad ha sido un gran apoyo contar con el *Diccionario de santa Teresa* (Monte Carmelo, Burgos 2002) y el libro de Efrén de la Madre de Dios y Otger Steggink, *Tiempo y vida de santa Teresa* (BAC, Madrid 1996^{3}).

Algunos trabajos y artículos como los que se recogen en Salvador Ros (coord.), *La recepción de los místicos Teresa de Jesús y Juan de la Cruz,* Universidad Pontificia de Salamanca, Salamanca 1997.

A la hora de recoger tradiciones religiosas, sociales y culturales del siglo XVI muchas fueron las consultas a distintas enciclopedias, revistas, literatura de la época y sobre todo a expertos en la materia.

Pero la fuente principal e insustituible de la que no hubiera podido prescindir en ningún momento han sido los mismos escritos de santa Teresa de Jesús (*Obras completas,* EDE, Madrid 1994^{4}). La lectura detenida y meditada de sus libros y cartas es la que ha hecho posible escribir sobre esta mujer excepcional y de donde se han extraído significativas anécdotas y abundantes frases literales contenidas en los diálogos de este libro.

Agradecimientos

Detrás de un libro también hay mucha gente que ha ido acompañando en su espera el proceso del mismo, y a todos ellos quiero mostrar mi agradecimiento desde estas páginas.

A Salvador Ros García ocd., gran conocedor de santa Teresa, por ser el primer y principal impulsor de esta obra, por su orientación, sus consejos, sus correcciones y por creer desde el principio que este libro podía ser posible.

A Teófanes Egido ocd., eminente historiador, por su paciencia e interés en seguir este trabajo y ofrecerme su siempre valiosa y sabia opinión.

A Antonio Ángel Sánchez Cabezas ocd., hermano y amigo, por su apoyo incondicional, siempre dispuesto a atender consultas, a corregir tecnicismos, a sugerir ideas y también a soportar los bajones propios de quien escribe.

A Francisco García Martínez, teólogo, por el ánimo recibido de él, su oración y su ayuda inestimable al brindarme una visión crítica desde fuera del Carmelo.

A Fernando Donaire ocd., por su aportación y disponibilidad tan desinteresada.

A mis hermanas de comunidad, que con su vida de cada día me ofrecen el clima propicio para el trabajo interior y exterior siempre necesario para escribir y que me ha permitido ahondar en el conocimiento profundo y práctico de nuestra Santa.

A mi familia, en el seno de la cual nació y creció mi interés por la lectura, por su cariño y apoyo.

A todos aquellos que me han animado, interesándose en cómo iba el trabajo, por su aliento y su amistad, porque a veces una palabra a tiempo puede ser de gran ayuda.

Y, cómo no, agradecer a la misma madre Teresa de Jesús su ayuda e inspiración, esos diálogos interiores mantenidos con ella desde el inicio de este libro en los que yo le preguntaba cómo habría sido esto o aquello, en los que dejaba que ella con sus escritos me fuera respondiendo poco a poco, en los que guardando silencio me quedaba simplemente mirando su imagen, la cual ha presidido desde el principio mi mesa de trabajo. Gracias a esta relación materno-filial he podido empezar y terminar este trabajo, que es como un libro de caballerías a lo divino y no pretende otra cosa que ser un incentivo más para apetecer los escritos teresianos.

Nos cuenta de la Santa su sobrina María Bautista: «Cuando me veía leer libros de caballerías y otros semejantes, decía que no le pesaba porque esperaba que de aquello vendría a leer los buenos, y me aprovecharía esa inclinación, que así había hecho a ella».

Libros buenos son los de ella, los que escribió Teresa de Jesús. Nos están esperando, no faltemos a la cita.

Índice

Págs.